A. FILLEMIN
(ŒUVRE POSTHUME)

PETITE
ENCYCLOPÉDIE PHILOSOPHIQUE
EN VERS

PROVERBES, BOUTADES HUMORISTIQUES, MENUS PROPOS SUR LE MARIAGE,
IMPRESSIONS DE VOYAGES.
MAXIMES, SENTENCES, JOYEUSETEZ, ETC., ETC.

OLLA PODRIDA

PRÉPARÉE ET ASSAISONNÉE

PAR

Un ancien magistrat en belle humeur

PARIS
GARNIER FRÈRES, LIBRAIRES-ÉDITEURS
6, RUE DES SAINTS-PÈRES, 6.
1877

PETITE
ENCYCLOPÉDIE PHILOSOPHIQUE
EN VERS

Utile dulci.

PARIS. — IMPRIMERIE DE E. MARTINET, RUE MIGNON, 2.

Photoglyptie Lemercier & Cⁱᵉ Paris   aprés le bas relief d'Octave Sachot

A. FILLEMIN

A. FILLEMIN

(ŒUVRE POSTHUME)

PETITE
ENCYCLOPÉDIE PHILOSOPHIQUE

EN VERS

PROVERBES, BOUTADES HUMORISTIQUES, MENUS PROPOS SUR LE MARIAGE,
IMPRESSIONS DE VOYAGES,
MAXIMES, SENTENCES, JOYEUSETEZ, ETC.

OLLA PODRIDA

PRÉPARÉE ET ASSAISONNÉE

PAR

Un ancien magistrat en belle humeur

PARIS

GARNIER FRÈRES, LIBRAIRES-ÉDITEURS

6, RUE DES SAINTS-PÈRES, 6

1877

©

SIMPLE PRÉCAUTION ORATOIRE

> J'écrirai ici mes pensées sans ordre, et non pas peut-être dans une confusion sans dessein ; c'est le véritable ordre, et qui marquera toujours mon objet par le désordre même.
>
> (PASCAL.)

L'ami qui m'a laissé le soin de publier ce recueil m'a imposé une tâche sur laquelle je ne me fais point d'illusion. Je ne me dissimule pas que cette publication me fait assumer le rôle d'éditeur responsable, et les raisons qui ont porté l'auteur à garder l'anonyme m'avaient tout d'abord paru suffisantes pour me soustraire à son désir. Mais un cliché adopté par ceux qui croient devoir mettre au jour des œuvres dont le besoin ne se faisait pas précisément sentir en attribue invariablement l'idée « aux conseils de quelques amis », et cette formule est trop commode pour que je ne me place pas à mon tour sous sa protection.

Ces « conseillers », qui ne manquent pourtant pas de goût, ne m'ont pas permis de m'arrêter devant quelques hardiesses de pensée et d'expression qu'on rencontrera çà et là; ils sont même parvenus à me persuader que ces strophes, composées à bâtons rompus, au hasard de l'idée, du style et de la rime, pourraient offrir quelque intérêt à raison de la pensée qui relie toutes les parties de ce recueil et lui donne son unité. Cette pensée, c'est la création de petits cadres destinés à recevoir et à mettre en relief ces vérités qui courent les rues, les ateliers, les salons, et qui, sous une forme grave ou plaisante, sérieuse ou légère, offrent à tous une ligne de conduite, un enseignement à suivre, un écueil à éviter.

Je ne donnerais toutefois qu'une idée incomplète de cet ouvrage si je n'ajoutais que, dans quelques parties, le ton de l'auteur s'élève et atteint presque le sentiment poétique. Laissant de côté les aphorismes de la rue et ce qu'on est convenu d'appeler la « sagesse des nations », il s'attaque aux cordes les plus délicates du cœur.

Elles vibrent alors doucement sous ses doigts, et résonnent comme un écho plaintif des passions et des misères humaines. Dans ces strophes, parfois un peu tristes et découragées, il fixe un élan de l'imagination, un soupir du cœur, un gémissement de l'âme, et condense sa pensée dans un cadre resserré, ainsi qu'on renferme dans des vases étroits certaines essences volatiles qui ont besoin de ces formes restreintes pour se conserver et se révéler.

Ces pages émues occupent, je dois le dire, peu de place dans ce recueil, et peut-être faut-il le regretter. Mais l'auteur est un de ces Athéniens de l'Occident qui redoutent la monotonie des notes mélancoliques et humanitaires. Après cette satisfaction donnée à son humeur rêveuse, il remonte sur son Pégase gaulois, reprend d'une main ferme sa marche et ses étrivières, et chevauche avec une nouvelle ardeur à travers les ridicules et les vices de son siècle.

Dans ce milieu formé d'éléments aussi hétérogènes, le lecteur rencontrera, parmi les traits que l'auteur s'est plu à habiller de neuf, bon nombre de « rengaines » dont le moindre défaut est d'être ieilles comme le monde et, par suite, d'une banalité désespérante; mais on voudra bien lui accorder, j'espère, que depuis longtemps déjà le nouveau ne se fait plus qu'avec du vieux; au besoin, d'ailleurs, j'appellerais à son aide l'élégant alexandrin du président Hénault, et je dédierais son livre, sinon à ceux qui désirent apprendre, du moins à ceux qui aiment à se souvenir :

Indocti discant et ament meminisse periti.

A. FILLEMIN.

AVIS AU LECTEUR

Ne quid nimis.

Un avis ? — Sans doute un avis ;
Je crois que ce recueil l'exige,
Et je l'offre de parti pris,
Dût mon œuvre y perdre en prestige :
« Pénétrez d'un pas décidé
Parmi mes chardons et mes roses ;
Mais imitant le procédé
D'un roi par la crainte obsédé,
Prenez-les à petites doses. »

I

PROVERBES

PROVERBES

Æquè pauperibus prodest, locupletibus æque.
(Horace.)

Nous allons voir que toutes les opinions du peuple sont très-saines ; que le peuple n'est pas si vain qu'on le dit.
(Pascal.)

PROVERBS

PROVERBES

Partout les proverbes sont rois ;
Partout ils règnent sans faiblesse.
Ils pourraient remplacer nos lois,
Tant ils ont de sens, de justesse.
Par la voix du peuple choisis,
Et parfois empreints de rudesse,
Offrant toujours un bon avis,
Les proverbes, en tout pays,
Des nations sont la sagesse.

Fœdora venait de placer
A son corsage quelques roses,
Et des yeux j'osais caresser
Ces fraîches fleurs à peine écloses.
« Votre bouquet, certe, est charmant,
Dis-je ; mais c'est surtout l'ensemble
Qui me ravit. Décidément
Jamais un proverbe ne ment,
Et qui se ressemble s'assemble. »

Rose et femme ont, sans contredit,
Une grâce presque divine ;
Par malheur jamais on ne vit
Femme ni rose sans épine.
Ces tendres fleurs, dont j'ose ici
Unir le charme poétique,
De plaire ont un égal souci,
Mais, avec toutes deux aussi,
Souvent qui s'y frotte s'y pique.

« Oui, madame, c'est très-certain :
Le martyr qu'en ce jour on fête,
Jusqu'à Saint-Denis, un matin,
Dans ses deux mains porta sa tête.
Faire ainsi plus de mille pas !
C'est un grand miracle sans doute ?
— L'abbé, je n'y contredis pas,
Mais, de bon compte, en pareil cas,
C'est le premier pas seul qui coûte. »

Pascal, un illustre penseur,
A dit, et je m'en émerveille,
Que le plus sûr chemin du cœur
Est et sera toujours l'oreille.
Dieu me garde de protester
Contre l'avis d'un pareil homme !
Mais je crois pouvoir ajouter
Qu'il ne faut pas se rebuter,
Et que tout chemin mène à Rome.

Célébrons la sobriété :
L'abus en toute chose amène
Le dégoût, la satiété,
Et du plaisir fait une peine.
Rien de trop, même en fait d'esprit,
C'est le conseil d'un cœur sincère ;
Pauvre ou riche, grand ou petit,
Doit rester sur son appétit :
A merle saoûl cerise amère.

« La bonne chère offre un danger :
On s'indigère, l'on s'enivre.
Au lieu de vivre pour manger,
Il suffit de manger pour vivre. »
C'est bien dit ; mais sans la faveur
D'une large et grasse escarcelle,
Trouver son pain est un labeur,
Et dîne bien souvent par cœur
Qui d'autrui compte sur l'écuelle.

Je suis plein de compassion
Pour ces modernes Madelaines
Qu'un jour d'amour, de passion
Nous fait traiter en souveraines.
Plus d'un, qui se croit vertueux,
Les voue au mépris, à la corde ;
Ne soyons pas si rigoureux,
Elles ont fait plus d'un heureux :
A tout péché miséricorde.

Un matin, tout fier, tout heureux,
D'un rendez-vous de ma déesse,
J'arrive brûlant, amoureux,
Mais en retard, je le confesse.
Chloé, qui comptait les instants,
Et qui sur ce point ne badine,
Me dit, malgré tous mes serments :
« Merci de vos beaux sentiments,
Mais, vous le savez, qui dort dîne. »

Quand Paul n'avait que cinq enfants,
De bonheur son âme était pleine ;
Mais voilà qu'en moins de dix ans
Il atteint presque la douzaine !
De ce surcroît peu satisfait,
Il accuse la Providence ;
Mais sa plainte étant sans effet,
Il trouve que, tout compte fait,
De biens nuit parfois abondance.

L'appel à la sincérité
N'est guère qu'une gasconnade,
Témoin Gil-Blas, si bien traité
Par l'archevêque de Grenade.
N'acceptons pas des libertés
Qui mènent droit à la satire ;
Nous aimons mieux être flattés,
Et puis toutes les vérités
Ne sont jamais bonnes à dire.

Je ne crois pas aux *Oremus;*
Pour moi, la plus noble prière.
Sera toujours *Laboremus,*
Dernier mot d'ordre de Sévère.
Un prêtre veut-il nous jeter
Aux pieds du Christ ou de Marie,
Gardons-nous de nous dépiter,
Mais répondons sans hésiter :
« Mon père, qui travaille prie. »

Certes, les soins, l'attention,
Sont nécessaires quoi qu'on fasse;
Mais quelle circonspection
Ne faut-il pas lorsque l'on chasse !
Traqueurs de lièvres, de perdreaux,
Coureurs de femmes au cœur tendre,
Disposez bien filets, appeaux,
Car, à voir certains étourneaux,
Parfois est pris qui croyait prendre.

On dit qu'il faut tuer le temps
Pour éviter qu'il ne nous tue ;
Mais c'est en vain qu'au poids des ans
A se soustraire on s'évertue.
Sans souci des regrets cuisants,
Le temps se montre impitoyable ;
On vieillit en dépit des rangs,
On vieillit à la ville, aux champs,
Mais on ne vieillit pas à table.

Démocrite l'a prétendu :
De tout il faut qu'on se gaudisse ;
Mais Héraclite a répondu :
De tout il faut que l'on gémisse.
Du premier le joyeux dicton
A mon avis est seul de mise,
Et je me moque du Caton
Tout comme de Colin Tampon
Et de ma première chemise.

Dire : ni jamais, ni toujours,
C'est faire preuve de sagesse ;
Mais c'est surtout en fait d'amours
Que l'adage est plein de justesse.
On jure qu'éternellement
On aimera, mais on se raille ;
On oublie un pareil serment.
En fut-il jamais autrement ?
Flamme d'amoureux, feu de paille.

Séduits par les dehors trompeurs
De quelque belle enchanteresse,
Sans souci nous laissons des fleurs
S'allonger la chaîne traîtresse.
Heureux qui sait s'en délier !
Que de fois on vit un Hercule
Près d'une Omphale s'oublier,
Puis dans ses regrets s'écrier :
« Tel croit se chauffer qui se brûle ! »

« Ah ! me disait avec douleur
Un ami, veuf de sa maîtresse,
C'était une perle, une fleur,
Mon cher, j'en mourrai de tristesse.
— Bah ! sous la calotte des cieux
Il est encor plus d'une perle ;
Tu retrouveras deux beaux yeux :
Et puis, quand tout n'est pas au mieux,
Faute de grive on mange un merle. »

« Jeunes viveurs, gais troubadours,
Des plaisirs veillez sur la source,
Et sachez ménager toujours
Et votre corps et votre bourse :
Chantez, hurlez avec les loups,
Egayez-vous près d'une belle,
Laissez-vous traiter de vrais fous,
Mais, ventrebleu ! par les deux bouts,
Ne brûlez jamais la chandelle ! »

De ce jeu d'amour si charmant
Une belle ayant passé l'âge
Faisait à son premier amant
De tous ses profits l'étalage.
« Fort bien, dit l'ancien amoureux,
Mais ce luxe, cette toilette,
Font aujourd'hui vingt malheureux...
— Ah ! mon cher, sans casser des œufs
On ne peut faire une omelette ! »

Patience est un heureux don
Auquel chacun devrait prétendre,
Car tout vient à point, nous dit-on,
Aux mortels qui savent attendre.
Mais au gré de notre désir
Bien souvent la Fortune tarde ;
Au vieillard décrépit offrir
Plaisirs brûlants, c'est lui servir
Après dîner de la moutarde.

Joindre l'esprit à la beauté
Est vraiment chose difficile;
C'est l'orgueil et l'humilité
Voulant avoir un même asile.
En vain l'homme, dans son bissac,
Croit parfois tenir deux natures;
Cherchez de l'église au bivac,
Vous verrez que du même sac
On ne peut tirer deux moutures.

L'opéra, palais enchanté,
Dans ses ballets et dans ses fêtes,
Montre avec prodigalité
Minois charmants, jambes bien faites.
Nos sens, provoqués et ravis,
Reçoivent une rude atteinte;
Mais de ces appas le haut prix
Rappelle qu'il n'est pas permis
A chacun d'aller à Corinthe.

Dieu vous garde de l'ignorant
Quand d'esprit vous êtes en veine !
C'est bien à tort, le plus souvent,
Qu'avec lui l'on se met en peine ;
Il prend les fruits pour des noyaux,
Les chardonnerets pour des merles ;
Les traits piquants, les jolis mots,
Sont perdus : devant les pourceaux
Il ne faut pas semer des perles.

Je me plains parfois vivement
Que du panier la fameuse anse
Chez moi se livre trop souvent
Au coûteux plaisir de la danse.
« Quoi ! malgré gages et profits,
Vous, la perle des cuisinières,
Gratter jusque sur les radis !...
— Eh ! mon bon monsieur, les petits
Ruisseaux font les grandes rivières. »

Hommes, vous craignez le trépas ;
Mais à vivre tout vous invite,
Et c'est vous qui ne voyez pas
Où votre ardeur vous précipite.
Pourquoi ce labeur surhumain
Qui vous tient sans cesse en haleine ?
Suivez en paix votre chemin
Sans trop penser au lendemain :
A chaque jour suffit sa peine.

L'argent ne fait pas le bonheur ;
Sa perte, toujours fort légère,
Fait pourtant, dit-on, le malheur
De plus d'un heureux sur la terre.
De la Fortune ingrats élus,
Maudissez la Parque cruelle,
Pleurez sur vos membres perclus,
Mais ne regrettez rien de plus :
Peine d'argent n'est pas mortelle.

Qui ne connaît ces publicains,
Vrais sacs d'écus, gens insipides,
Levant le front quand ils sont pleins
Et le baissant lorsqu'ils sont vides.
A les voir gonflés, satisfaits,
On croit à leur valeur secrète;
Mais, en y regardant de près,
On voit bien qu'il ne faut jamais
Juger du sac sur l'étiquette.

Bienheureux les pauvres d'esprit !
L'un d'eux, qu'un doux penchant inspire,
Prend femme au hasard et se dit :
« Qui choisit souvent prend le pire. »
La belle avait bien visité
Auparavant certaine alcôve;
Mais l'époux était peu fûté,
Il ne s'en est jamais douté,
Et c'est la foi seule qui sauve.

Nous souffrons parfois près de nous,
Par une faveur téméraire,
Des hommes prévenants et doux,
Toujours empressés à nous plaire.
Ils sont nos amis, nos soutiens
Contre une Fortune marâtre,
Et de notre honneur les gardiens...
Las ! gardons-nous des comédiens,
Ils ne sont pas tous au théâtre !

Écoutez un peu ce tribun
Au ton aigre et déclamatoire,
Qu'est-ce, sinon un importun
En quête d'une fausse gloire ?
Insensé ! me dis-je souvent,
L'orgueil lui fait tourner la tête ;
Il croit nous pousser en avant,
Mais il ne sème que le vent
Et récoltera la tempête.

Toujours satisfaits d'eux, les sots
Ne souffrent pas qu'on les redresse ;
De reconnaître ses défauts
Un homme d'esprit seul s'empresse.
Mais prêcher fou sur la raison,
Ténor usé sur sa voix aigre,
Sur ses amours un vieux garçon,
C'est perdre son temps, son savon,
A laver la tête d'un nègre.

Paris n'est pas l'œuvre d'un jour,
Mais je crois vraiment qu'on l'ignore :
Partout, à la ville, à la cour,
L'impatience nous dévore.
Artistes, savants, amoureux,
Dans le temps ayez confiance ;
Il n'est pas toujours rigoureux,
Tôt ou tard vous serez heureux :
Patience passe science.

N'est-ce pas fort original ?
Pendant une de mes absences
Mon cordon-bleu donnait un bal
A ses amis et connaissances.
Au fait, il faut bien qu'ici-bas
Plaisirs et peines se compensent ;
Lorsque de servir ils sont las,
Nos valets prennent leurs ébats :
Le chat parti, les souris dansent.

Un bon vivant disait un jour :
« Ne m'en veuillez pas d'être aimable ;
De mon destin c'est un vieux tour,
La nature seule est coupable. »
Il disait vrai : nous naissons tous
Pourvus de sottise ou d'adresse,
Gourmands, avares ou jaloux ;
Nous ne pouvons que peu sur nous :
Bois tortu point ne se redresse.

La musique est pleine d'appas
Servie à point, avec méthode,
Et certes, je n'en dirai pas :
C'est le seul bruit qui m'incommode.
Mais avant dîner m'offrît-on
Un rossignol, une merveille,
Adieu rhythme, diapason,
Je mêle et confonds chaque ton :
Ventre affamé n'a pas d'oreille.

Mes amis ne sont pas parfaits,
C'est assez facile à comprendre ;
Mais j'en sais un dont les méfaits
Font dire de lui pis que pendre.
Le méchant blâme sa bonté,
Le sot, sa science profonde,
Le gourmand, sa sobriété,
Et l'avare, sa charité :
On ne peut plaire à tout le monde.

Les mots *A la vie, à la mort*
Sont une très-belle formule,
Et, lorsqu'il nous aime bien fort,
Nul devant elle ne recule.
Aussi, quand viendra le moment
D'aller voir du Styx l'autre rive,
Pour juger de ce dévoûment,
Je veux m'y rendre lentement
En criant : Qui m'aime me suive !

Je fais peu de cas des flatteurs,
Je hais leur sotte complaisance ;
A leurs éloges corrupteurs
Je préfère la médisance.
Pourtant, je dois le confesser :
Au vrai tout en restant fidèle,
Il faut se garder de blesser,
Et même il est bon de placer
Devant chaque saint sa chandelle.

Avez-vous connu Dalila?
D'un banquier c'était la maîtresse.
Un jour elle l'a planté là
Sans même laisser son adresse.
En vain il la cherche en tous lieux,
En France, en Suisse, en Allemagne;
Mais, à mon sens, il ferait mieux
D'essuyer bien vite ses yeux,
Car, à ce jeu-là, qui perd gagne.

A notre déclin parvenus
Après plus ou moins de déboire,
Combien de cierges, ô Vénus,
Nous avons brûlé pour ta gloire!
Mais en vain le plus vif amour
Nous entraîne auprès d'une belle,
En vain nous changeons chaque jour,
Nous disons tout bas au retour :
Le jeu n'en vaut pas la chandelle.

Jamais à court d'expédients,
L'intrigant en tous lieux proclame
Son esprit, son goût, ses talents,
Par les cent voix de la réclame.
En dépit de ce vain fracas,
La saine raison nous enseigne
Que le vrai mérite ici-bas
Ne fait jamais tant d'embarras :
Bon vin n'a pas besoin d'enseigne.

« L'embonpoint n'est pas un défaut,
Disent les femmes corpulentes;
Plus on en a, mieux cela vaut;
Vivent les formes opulentes ! »
— Fort bien; mais, à mon sentiment,
Une beauté fine et mignonne
A bien aussi son agrément;
Petite boîte, bon onguent,
Soit dit sans offenser personne.

« Spéculateurs aventureux
Que l'espoir du succès enivre,
Ne riez pas trop des peureux
Qui se refusent à vous suivre.
Prenez-vous pour de la vertu
L'ardeur qui vous met hors d'haleine ?
Moi, j'y vois bien du temps perdu,
Car souvent s'en revient tondu
Tel qui va chercher de la laine. »

On prétend que la pauvreté,
Qui fait courber plus d'une tête,
Est l'écueil de la probité,
Eut-on le cœur le plus honnête.
Aux déshérités de Plutus
Il faut enfin rendre justice ;
On en voit, à jeun, mal vêtus,
Montrer les plus nobles vertus :
Non, non ! pauvreté n'est pas vice.

Quoi ! lecteurs, je vous entends tous
Me blâmer en termes acerbes
D'avoir défilé devant vous
Ce long chapitre de proverbes !...
Soit ; mais dans ces vers si j'ai mis
Un peu d'esprit à ma manière,
Gardez-vous d'en être surpris :
Je m'adresse à vous, mes amis :
L'eau va toujours à la rivière.

II

BOUTADES HUMORISTIQUES

BOUTADES HUMORISTIQUES

Prodesse voluimus, non lædere.
(ÉRASME.)

BOUTADES HUMORISTIQUES

Lecteur, je ne sais trop comment
Tu prendras ce nouveau chapitre.
Je l'ai fait pour ton agrément,
Tu n'as qu'à regarder au titre.
Y vois-tu matière à gloser ?
Glose, je ne ferai qu'en rire
Et je te laisserai jaser.
Mon but ici c'est d'amuser,
Cherche ailleurs si tu veux t'instruire.

Si jeunesse savait! dit l'un,
Si vieillesse pouvait! dit l'autre,
Et, sur ce thème fort commun,
Chacun brode et parle en apôtre.
Tout cela je le sais aussi
Sans qu'on me le corne à l'oreille,
Mais je sais de plus, Dieu merci,
Que tout le monde avec des si
Peut mettre Paris en bouteille.

Sur nos cœurs la paternité
Exerce un si puissant prestige
Qu'un enfant, dès qu'il a teté,
Pour ses parents est un prodige.
Ce fait, bien des fois constaté,
Après tout, ne me surprend guère :
Qui s'en serait jamais douté ?
Moi qui parle, j'ai bien été
Un enfant extraordinaire !

L'argent ne fait pas le bonheur;
C'est connu; mais il contribue
A nous révéler la douceur
Des biens sur lesquels on se rue.
La fortune inspire un désir
Devant lequel tout autre cède;
C'est de plus un verre à grossir,
Par où l'on voit, sans déplaisir,
Les talents de qui la possède.

Paris, sans jamais se lasser,
Voit, sur des scènes magnifiques,
Devant ses yeux ravis passer
Des tableaux brillants, fantastiques.
Splendeurs du ciel et de l'enfer,
Temples, palais,, cités, campagne,
Y tiennent l'œil tout grand ouvert;
Mais par malheur l'esprit y perd
Souvent tout ce que l'œil y gagne.

« Monsieur, nous tombons de la lune,
Ce pays est nouveau pour nous,
Mais peut-être bien voudrez-vous
Nous guider dans notre infortune.
Quel est donc ce sentier tortu,
Roide, escarpé, plein de fissures,
Et qui paraît si peu battu ?
— C'est le chemin de la vertu ;
Il use bien peu de chaussures. »

Payé pour agir prudemment,
Un préfet devenu sceptique
Exposait ainsi franchement
Ses sentiments en politique :
« Ami de tout gouvernement,
Je cours de l'un à l'autre pôle,
Et j'en suis quitte, c'est charmant,
Pour prêter un nouveau serment
Et changer mon bâton d'épaule.

« Esculape, je n'en puis plus.
— Homme, c'est un effet de l'âge.
— Mes pauvres membres sont perclus.
— Eh bien, cesse d'en faire usage.
— Mais quoi ! dois-je toujours souffrir,
Et n'est-il pas sur cette terre
Quelque moyen de me guérir ?...
— Il en est un : c'est de mourir
Comme ton père et ton grand-père. »

« Voyons, mon cher enfant, crois-moi ;
Suis les conseils d'un cœur qui t'aime ;
Il en est bien temps, range-toi,
Prends de l'empire sur toi-même.
— Ah ! mon père, j'en fais serment,
Je n'oublierai pas ce langage ;
Vous parlez d'or assurément,
Mais, de grâce, pour le moment
Donnez-m'en un peu davantage. »

L'autre jour un maçon tombait
Du haut d'un quatrième étage,
Et, bien que mourant, subissait
Les questions du voisinage :
« Tandis qu'ainsi tu descendais
La chose a dû te sembler dure ?
— Mais non ; fort bien je me trouvais,
Si bien qu'à part moi je disais :
« Mon Dieu, pourvu que cela dure ! »

Malgré son prestige, un grand roi,
Craignant qu'on osât lui déplaire,
Dit un jour, l'Histoire en fait foi,
Au prêtre qui montait en chaire :
« Mon Père, votre grand renom
Devant vous me fait prendre place ;
Mais surtout pas d'allusion :
Je prends bien ma part du sermon,
Je n'aime pas qu'on me la fasse. »

Plein d'ardeur, mais léger d'écus,
Un jeune clerc d'apothicaire
Mettait son cœur, et rien de plus,
Aux pieds de la sensible Claire.
« Mon petit, ce que vous m'offrez
Me touche autant que vos globules ;
Allons, bonsoir, vous reviendrez
Un peu plus tard, quand vous pourrez
Dorer un peu mieux les pilules. »

Quelles que soient nos qualités,
Nous sommes tous, pendant la vie,
Des êtres assez mal traités,
Et souvent peu dignes d'envie.
Mais de la mort voyez l'effet :
Tout, en nous, est mérite ou gloire ;
Et quoi qu'un homme ait dit ou fait,
Sa tombe devient un creuset
Où va s'épurer sa mémoire.

Vive le vin ! ce jus divin
Égaye, embellit notre vie;
Laissons aux enfants de Caïn
L'eau cent fois pire que la lie.
L'eau pour l'homme est un vrai fléau,
Et je n'en veux pas d'autre juge
Que Noé dans son grand vaisseau.
Tous les méchants sont buveurs d'eau,
C'est bien prouvé par le déluge.

« Qu'est-ce à dire, ami ? ton journal
Va-t-il tourner au clérical ?
Si Dieu se mêle à tes nouvelles,
Cela nous en promet de belles !
— Rassure-toi : j'ai dit adieu
A ces croyances surannées.
En fait de foi, pas de milieu,
Je ne crois à rien. Quant à Dieu,
Je l'admets... pour mes abonnées. »

Devant Napoléon, un jour,
Du monde expliquant le système,
Laplace éclairait tour à tour
Les points obscurs du grand problème.
« Mais, dit l'empereur étonné,
Que devient Dieu dans cette thèse ?
— Sire, le monde est ordonné
De telle façon que je n'ai
Nul besoin de cette hypothèse. »

Chacun connaît l'air protecteur
Dont plus d'un puissant personnage
Reçoit, du haut de sa grandeur,
Notre respect et notre hommage.
Jamais, il semble, on ne pourra
Lui montrer trop de déférence ;
Mais laissez faire : un jour viendra
Où devant nous tous il devra
Tirer aussi sa révérence.

Chacun a ses petits bonheurs,
Suivant ce qu'il affectionne ;
Aussi des goûts et des couleurs,
Je ne dispute avec personne.
Je prise fort la nouveauté,
La vapeur vaut mieux que le coche,
Mais pour l'honneur, la loyauté,
L'amour, le bon ton, la gaîté,
Je reste de la vieille roche.

Le génie humain, dans son cours,
De mille dons comble la terre ;
Mais il lui restera toujours
Bien des découvertes à faire.
En ménage un bonheur parfait,
Sans orages et sans rafale,
Un vieux céladon sans toupet,
Un amant fidèle et discret,
C'est la pierre philosophale.

Lorsque l'on veut tuer son chien,
Bien vite on l'accuse de rage;
C'est un procédé peu chrétien,
Et pourtant d'un fréquent usage.
Moi, quand je cherche un bon moyen
Ou le sens de mainte harangue,
Quand je pâlis sur un ancien,
Loin de vouloir tuer mon chien
Parfois je lui jette ma langue.

De mes amis l'aimable accueil
Me touche à la fois et me flatte
Et je vois toujours d'un bon œil
Chaque attention délicate.
Il est cependant (qui l'eût cru ?)
Trois choses dont je me défie,
C'est, excusez un malotru,
Concert d'amateur, vin du cru,
Et dîner sans cérémonie.

Le temps est, dit-on, de l'argent,
Et pourtant que de gens sur terre
A le gaspiller sottement
Chaque jour semblent se complaire !
Ne jetons pas à tous les vents
Ce qu'à prix d'or le sage achète ;
Économisons les instants,
Et voyons toujours dans le temps
L'étoffe dont la vie est faite.

Un monarque un jour se baissa
Aux pieds d'une comtesse altière,
Et sans scrupule ramassa
Devinez quoi... sa jarretière !
Quand je veux d'un pareil bibelot
Me procurer la jouissance,
Je... (comment dirai-je le mot ?)
Je vais le prendre un peu plus haut ;
Mais honni soit qui mal y pense.

Souvent « la folle du logis, »
Notre inséparable compagne,
De la raison fuyant l'avis
Bâtit maints châteaux en Espagne.
Chacun, dans ses projets perdu,
De nouveaux plans sans cesse accouche ;
On se croit à tout parvenu....
Mais combien de vin répandu,
De la coupe jusqu'à la bouche.

Paul, cœur froid, insensible et dur,
Venait d'achever sa carrière,
Et sans que personne en fût sûr,
On le croyait mort de la pierre.
Or, un caillou révélateur
Ayant fait voir, à l'autopsie,
La cause même du malheur :
« C'est bien cela, dit-on ; son cœur
Était tombé dans sa vessie ! »

Pour la plupart des créanciers,
Chaque faillite est une crise
Où tout le zèle des huissiers
Contre l'impossible se brise.
Par mille promesses bercé,
Que de fois un prêteur crédule
A vu son espoir renversé !...
Seul est sûr d'être remboursé
Celui qui prête.... au ridicule.

Toujours sur pied et l'œil à tout,
Clémence, active ménagère,
Formule ainsi son peu de goût
Pour toute visite étrangère :
« Je ne mets pas tout mon bonheur
A filer chez moi de la laine ;
Mais du temps sachant la valeur,
Qui vient me voir me fait honneur,
Qui s'abstient me fait peu de peine. »

Un de mes voisins croit au bien
Avec une candeur sincère,
Et me soutient, en vrai chrétien,
Que tout est au mieux sur la terre.
Chaque époux, fidèle à sa foi,
N'a jamais à se faire absoudre,
L'honneur est notre unique loi...
C'est un brave homme, mais je crois
Qu'il n'a pas inventé la poudre.

Ayant, dans un appartement,
Un trompette pour locataire,
Je voyais, dans son instrument,
Le gage du propriétaire.
Mais voilà-t-il pas qu'un beau jour,
Sans aucun souci de sa dette,
Le traître m'a joué le tour
De déménager sans tambour,
Mais en emportant sa trompette

« Pourquoi donc, disaient deux marmots,
Devant les jets d'eau de Versailles,
Tous ces dieux font-ils sans repos
Jaillir de l'eau de leurs entrailles ?
— Mes enfants, ces divinités
Ont le cœur chaud : cela les touche
De voir leurs jardins fréquentés
Par de séduisantes beautés,
Et l'eau leur en vient à la bouche. »

Perrette avec son pot au lait
Nous offre un type impérissable,
Et, parmi nous, plus d'un se plaît
Comme elle à bâtir sur le sable.
Hommes à projets, heureux fous,
Vaste et brillant est votre empire ;
Mais ce n'est pas tout que des choux,
Il faut, comme l'on dit chez nous,
Du beurre pour les faire cuire.

La province a son bon côté :
On se voit souvent ; mais l'envie,
Les sots propos, la vanité,
A chaque instant troublent la vie.
De l'aigreur on y prend le ton
Pour des griefs peu légitimes ;
Aussi, quand on reçoit, craint-on
De trouver parfois son salon
Tout rempli d'ennemis.... intimes.

Il m'arrive de temps en temps,
Quand je n'ai rien de mieux à faire,
D'étudier quelques instants
Nos prédicateurs dans leur chaire
L'un est onctueux et sournois,
Un autre en feu, l'air formidable,
Se démène et grossit sa voix
Au point qu'il me semble parfois
Dans un bénitier voir le diable.

Certes je plains Amphitryon,
Et je comprends sa jalousie,
Mais Molière a cent fois raison
Dans ce qu'il fait dire à Sosie.
De ce valet l'opinion
Chez les gourmands a pris racine ;
Cela ne fait plus quoțsən,
Le véritable amphitryon
Est l'amphitryon où l'on dîne.

Six jeunes filles !.... Quel bouquet
Pour qui rêve foi conjugale !
Regardez : quel maintien discret,
Et quelle candeur virginale !...
Mais plus d'un serpent venimeux
Se cache, dit-on, sous ces roses ;
Toi qui brûles de chastes feux,
Ami, devine si tu peux,
Puis, ma foi, choisis si tu l'oses.

Charles a reçu ce matin
Du ciel un poupon adorable,
Mais qui (chut !) ressemble au voisin
Un peu plus qu'il n'est convenable.
« Fi donc ! me dit un complaisant,
Taisez-vous, langue de couleuvre ! »
— Soit : mais, sans être médisant,
Je maintiens, moi, que l'artisan
Se reconnaît toujours à l'œuvre.

Le riche, ce n'est pas douteux,
A, surtout au siècle où nous sommes,
Cent moyens pour un d'être heureux
Que n'a pas le commun des hommes.
A ses désirs chacun souscrit ;
Plongé dans sa molle bergère,
Il entend vanter son esprit ;
On l'encense, tout lui sourit...
Mais il n'a rien s'il ne digère.

Pierre adore les paradoxes ;
Il en débite à chaque instant,
Et vous décoche à bout portant
Les propos les moins orthodoxes.
Puis il vous dit : « J'ai mes raisons ;
Elles sont puissantes, anciennes,
Et grosses comme des maisons. »
— Eh ! sans peine nous le croyons,
Polichinelle a bien les siennes !

Pensez-en ce que vous voulez :
Pour moi, je tiens en faible estime
Tous ces hobereaux affublés
D'un *de* plus ou moins légitime.
Lorsque les nobles sentiments
Ne brillent que par leur absence,
Quand vertus, mérite, talents
Font place aux sots égarements,
Dites-moi, qu'est donc la naissance ?

Pardonne, cœur honnête et chaud,
Car je vais dire un gros sophisme,
Mais faut-il voir un grand défaut
Dans ce qu'on nomme l'égoïsme ?
Il nous indique les moyens
De jouir en paix du bien-être,
Il double notre part de biens,
Et, digne émule des bons chiens,
Il rapporte tout à son maître.

L'homme, quand il s'agit d'autrui,
Parle haut de la conscience ;
C'est un tribunal, suivant lui,
Dont rien n'égale l'importance.
Mais quand l'intérêt personnel
Plaide chez lui pour quelque chose,
De Thémis il brise l'autel,
Et toujours, fragile mortel,
Il gagne et son juge et sa cause.

Parti de bas, arrivé haut
A force de courber l'échine,
Pierre, ancien collecteur d'impôt,
Avec ses grands airs me taquine.
Triple sot ! Quiconque a connu
De son sens moral les faiblesses,
Découvre bien vite à l'œil nu,
Dans la hauteur du parvenu,
La revanche de ses bassesses.

Un grand désespoir c'est fort beau ;
Pourtant la veuve de Mausole,
Avec son fastueux tombeau,
N'était, à mes yeux, qu'une folle.
Sensible époux, tendre moitié,
Évitez ce vain étalage ;
Vos larmes me font grand'pitié,
Mais, l'arbre coupé par le pié,
Que sert d'arroser le feuillage ?

Une veuve, au bout de neuf mois,
Met au monde un fils légitime,
Et tout aussitôt mille voix
De cet enfant lui font un crime.
Mais, à mes yeux, tout ce fracas
D'un mauvais vouloir est le signe :
« Quoi ! dis-je, ne savez-vous pas
Que l'homme peut, en certains cas,
Avoir aussi son chant du cygne ? »

Quand on a parlé de l'esprit
On croit n'avoir plus qu'à se taire ;
Mais l'homme sérieux se rit
D'un mérite, en somme, vulgaire.
L'esprit, sans bon sens et sans goût,
N'exempte pas de la sottise ;
Et s'il est vrai qu'il sert à tout,
Il s'en faut certe, et de beaucoup,
Qu'à tout dans le monde il suffise.

« Comment n'aimer pas les enfants,
S'écriait un honnête père,
Joie, amour de tous les instants,
Par eux seuls la vie est prospère ! »
— Les enfants ont, assurément,
Des charmes de plus d'une sorte ;
Ils sont pour moi pleins d'agrément,
Mais quand ils pleurent seulement...
Parce qu'alors on les emporte.

Un malade, perdant la tête,
Sentait dans son ventre un serpent.
Son médecin, rusé, prudent,
L'entaille et lui montre la bête.
Voilà notre homme bien remis.
Mais bientôt il devient tout pâle :
« Mon Dieu, docteur, j'y réfléchis,
S'il avait laissé des petits ?...
— Impossible ! C'était un mâle ! »

« Quels vins, quel repas délectable !
Buvez, mangez bien, mes amis ;
Devant moi tout vous est permis,
Et pas de médecin à table ! »
— Tout doux, malin docteur, tout doux !
Nous voyons clair dans vos boutades :
La table a des charmes pour nous,
Mais c'est notre ennemie, et vous
Elle vous pourvoit de malades.

« Voyez, mon fils, tous ces tableaux,
Ex-voto de notre marine ;
Que d'êtres arrachés aux flots
Par l'intercession divine !
— C'est merveilleux ; mais avouez,
Vous dont la bouche ne sait feindre,
Que pour quelques-uns d'épargnés,
Bien d'autres ont été noyés ;
Et ceux-là ne se font pas peindre. »

Esprits curieux, indiscrets,
Qui voulez tout voir, tout connaître,
Respectez au moins nos secrets,
Ne troublez pas notre bien-être.
Et pour dépenser avec fruit
Une ardeur souvent importune,
Allez-vous-en vite et sans bruit
Voir s'il est vrai que l'on construit
Des chemins de fer dans la lune.

« Comment donc, père Trinquefort,
Je vous trouve encor en ribote !
Peut-on, chaque jour, sans remord,
Se griser à propos de botte !
— Eh ! monsieur, je songe au trépas ;
Les saints sont nombreux, comment faire ?...
Trinquefort, dans cet embarras,
Les fête tous : on ne sait pas
A qui l'on peut avoir affaire. »

Le monde est peuplé de Guzmans ;
L'homme ne connaît pas d'obstacles ;
Sans oraisons, sans talismans,
Chaque jour il fait des miracles.
L'œil au guet, l'esprit en arrêt
D'un bout à l'autre de la terre,
De l'idée il passe au projet.
Est-ce difficile, c'est fait ;
Est-ce impossible, on va le faire.

Un Arabe à son frère en Dieu
Avait offert repas et couche.
On soupe. « Ah ! dit-il, un cheveu
Va, je crois, t'entrer dans la bouche.
— Un cheveu ? Comment ! C'est ainsi
Qu'un œil indiscret me regarde !
Si tel est ton accueil, merci ;
Je m'en vais souper loin d'ici ;
D'un pareil hôte Dieu me garde ! »

De ses méfaits bornant le cours,
Pierre allait faire pénitence,
Mais il vient de finir ses jours
En digne gibier de potence.
Le ciel, la terre, à qui mieux mieux,
Se l'arrachaient, c'est à la lettre ;
Si bien que faisant deux heureux,
Dame Justice entre les deux
Un jour a fini par le mettre.

On dit qu'avoir pendant sa vie
De bons livres, pas d'ennemis,
Des goûts sages, quelques amis,
Est un destin digne d'envie.
Mais cet idéal si vanté
Pèche par plus d'une lacune ;
Et je le voudrais complété
Par une robuste santé,
L'amour, et surtout la fortune.

On fait des révolutions,
On enfante des républiques,
Mais dans ce choc d'opinions,
Où sont les hommes politiques ?
Partout la médiocrité
Nous mène tous tant que nous sommes ;
Ici trône la vanité,
Ailleurs l'égoïsme effronté...
Notre temps manque de grands hommes.

« Bast ! on ne meurt jamais de faim, »
Disait un vieux Crésus à table
Au pauvre demandant du pain
D'un ton piteux et lamentable.
« J'ai devant moi des vins parfaits,
Des pigeons à la crapaudine,
Va-t'en, j'aime à manger en paix,
Et sache qu'il ne faut jamais
Troubler l'honnête homme qui dîne ! »

Léon a vraiment très-bon cœur,
Mais on ne peut ouvrir la bouche
Sans qu'un grain de mauvaise humeur
Ne lui fasse prendre la mouche.
Ami qui, prompt à vous blesser,
Mettez tant de mouches en poche,
Sur ce travers s'il faut passer,
Du moins, pour nous débarrasser,
Prenez donc la mouche... du coche.

Riche blasé qui, dans ton lit,
Redoutes le pli d'une rose,
Pourquoi donc, au moindre dépit,
Prendre un air chagrin et morose ?
Arrive-t-il que ton bonheur
Soit troublé par quelque mélange,
Fais contre fortune bon cœur :
On peut, mon cher, à la rigueur,
Manger les perdrix sans orange.

Les journaux n'offrent à l'esprit
Qu'une assez maussade lecture,
Et le badaud qui s'en nourrit
Y trouve une maigre pâture.
Quant à moi, je fais peu de cas
Des vols, des paris téméraires,
Des rixes, des assassinats,
Mais je prise fort les *Débats*...
Politiques et littéraires.

« Un client est-il en danger,
Disait un moderne Hippocrate,
Je l'expédie à l'étranger,
Aux eaux... pour dégonfler sa rate.
J'aime peu ce nom d'assassin
Qu'on donne à plus d'un camarade,
Et je débarrasse à dessein
Le malade du médecin,
Et le médecin du malade. »

« Chacun pour soi, chacun chez soi ; »
Le conseil est peu charitable,
Mais il a du bon, et, pour moi,
Sur ce point je suis intraitable.
Qu'un mari batte sa moitié,
Qu'un banquier frise les galères,
Qu'une beauté soit sans pitié,
Que l'un aille en *cab*, l'autre à pié,
Ce ne sont pas là mes affaires.

« Séducteurs, qui ne craignez pas
De troubler la paix d'un ménage,
Tremblez qu'à la fin sur vos pas
Le vent ne pousse un jour l'orage.
Quand de vengeance elle a besoin,
Némésis n'a pas le cœur tendre ;
De votre honneur prenez bien soin,
Car si le Minotaure est loin,
Vous ne perdrez rien pour attendre. »

« Dis-moi, sais-tu, censeur amer,
Quel est l'état le plus sortable ?
Eh bien, c'est d'être, en plein hiver,
Le dos au feu, le ventre à table.
Auprès d'un plantureux buffet,
Rien ne m'émeut, rien ne m'étonne ;
Je me moque du temps qu'il fait,
Et je goûte un bonheur parfait,
Qu'il pleuve, qu'il vente, qu'il tonne. »

« Mon fils, disait le confesseur
D'un bandit conduit au supplice,
Du Christ imitez la douceur,
Voici l'heure du sacrifice.
— Eh ! mon père, puis-je accepter
Du Christ l'étrange destinée ?
Il pouvait, lui, tout supporter,
Étant sûr de ressusciter
Après la troisième journée ! »

Il est toute une légion
De gens, égoïstes suprêmes,
Qui n'ont, dans la création,
Jamais eu d'yeux que pour eux-mêmes.
Parlez-leur d'esprit, de beaux jours,
Ou des angoisses qui vous minent,
Consultez-les sur vos amours,
Ils commencent tous leurs discours
Par *je*, puis par *moi* les terminent.

« Mon cher, je renonce à l'amour,
Disait, après mainte folie,
Une Laïs sur le retour,
Belle encor, riche et repentie.
Rengainez toutes vos fadeurs,
Je veux sortir de mon ornière ;
De l'hymen j'aspire aux honneurs,
Et, pour obtenir mes faveurs,
Il faut... la croix et la bannière. »

Quels qu'en soient l'objet et l'auteur,
Il est tel reproche qui loue.
L'éloge est-il toujours flatteur ?
Je ne le crois pas, je l'avoue.
Ainsi, quand j'entends me louer
Des gens connus par leur bêtise,
Il m'arrive de me troubler,
Et même de me demander :
« Aurais-je fait quelque sottise ? »

Dans le dessein d'être plaisant,
Maint bavard très-souvent s'applique
A nous servir comme amusant
Tel mot, tel trait qu'il croit comique.
Mais si l'on ne rit pas c'est dur,
Et je voudrais pouvoir lui dire :
« J'ai l'esprit plus épais qu'un mur,
Et pour que j'éclate à coup sûr,
Toussez lorsqu'il me faudra rire. »

« Les délicats sont malheureux,
Rien ne saurait les satisfaire, »
Et tout ce que l'on fait pour eux
Bien souvent semble leur déplaire.
Mais un redoutable danger
Menace ces bouches si fines,
Et je tremble rien qu'à songer
Qu'un jour il leur faudra manger
La salade par les racines.

« Dites, Hippocrate français,
Que pensez-vous de ce confrère
Refusant l'or d'Artaxercès?
Vit-on rien de plus beau sur terre !
— Allons donc ! ce conte insensé
Mérite peu qu'on l'enregistre ;
Si le fait s'est vraiment passé,
Il prouve à tout homme sensé
Qu'Artaxercès n'était qu'un cuistre. »

De me soustraire à tous les yeux
Je n'ai pas encor le mérite,
C'est seulement quand il est vieux
Que le diable so fait ermite.
Mais un jour si, sublime élan,
D'Ève je repousse la pomme,
Si, loin des pompes de Satan,
J'abjure et Voltaire et Renan,
Je n'irai pas le dire à Rome.

On blâmait un jour chez Ninon
Ses goûts légers, son inconstance,
Mais la belle, haussant le ton,
Répartit avec assurance :
« Holà, censeurs ! comprenez mieux
Les faveurs de ma destinée :
Ainsi qu'un empereur fameux,
Tous les jours je fais des heureux,
Et ne perds jamais ma journée. »

« Rubens en herbe, y songes-tu !
Quelle est cette étrange manie ?...
Le tiers de ton pain est perdu,
La mie est par trop ton amie.
Tu fais croire, jeune blondin,
Que tes dents vont paver les routes...
— Comment cela ? fit le rapin.
— Comment ?... Ce n'est pas bien malin,
C'est que tu fais toujours des croûtes. »

Nous voulons que nos serviteurs
Soient de tout point irréprochables ;
Sont-ils gourmands, bavards, menteurs,
Nous voyons là des cas pendables.
Plus sensés, les maîtres devraient
S'inspirer d'arguments pratiques,
Et se demander s'ils seraient
Capables, quand ils le voudraient,
D'être leurs propres domestiques.

Pareils à ces coqs de clocher
Qui tournent constamment sur place,
On voit des gens courir, chercher;
Le moindre retard les agace.
De feu, d'ardeur, leur cœur est plein,
Mais rien ne sort de leur usine.
« Holà ! leur crie un vieux malin,
J'entends bien le bruit du moulin,
Mais je ne vois pas de farine ! »

On dit que de la Providence
C'est le doigt qui nous conduit tous,
Et qu'elle dispose de nous
Au gré de sa toute-puissance.
Laissons les crédules dévots
Se plaire en cette erreur profonde;
La Providence a des rivaux
Dans les sept péchés capitaux :
Ce sont eux qui mènent le monde.

Parler à qui ne comprend pas
D'un monde idéal de chimères,
C'est, assurent les délicats,
S'élever dans les hautes sphères.
Mais que m'importe de Platon
La subtile dialectique,
Et qu'en peut-il sortir de bon?
« Physique, s'écriait Newton,
Redoute la métaphysique! »

Vous connaissez tous Harpagon,
Ce type immortel de Molière.
Eh bien, je vois dans mon canton
Plus fort que lui sur la matière.
Le mien fait repas copieux
D'un œuf, quand sa poule veut pondre,
Puis il ménage de son mieux
Les coquilles de tous les œufs,
Car sur elles il trouve à tondre.

Autrefois, belle et recherchée,
Une Laïs sur le retour
Faisait ses adieux à l'amour,
Devant une glace penchée.
« Quittez, lui dis-je, ce miroir.
Seriez-vous encore coquette ?
Attendez-vous quelqu'un ce soir,
Et de plaire auriez-vous l'espoir ?...
— Hélas ! non, mais je me regrette. »

Sans souci des étroits sentiers
Que suit l'humaine créature,
J'ai des goûts tout particuliers,
Même en fait de littérature.
Des poëtes, des prosateurs,
Dussé-je encourir la rancune,
Je le proclame ici, lecteurs,
A mes yeux, les premiers auteurs
Sont les auteurs... de leur fortune.

Ami de la philanthropie
Et de la générosité,
Je ne crois pas que la bonté
Doive aller jusqu'à l'utopie.
Le dévouement des nobles cœurs
Me touche beaucoup... dans un livre;
Mais il nous faut d'autres bonheurs :
Homme, c'est pour toi que tu meurs,
Partant c'est pour toi qu'il faut vivre.

Les affaires... le joli mot!
Comme il fait rêver la fortune!
Mais qu'est-ce au juste ? Un entrepôt,
Une vente heureuse, opportune ?...
— Du tout; c'est l'art de spéculer
Sur mes deniers et sur les vôtres;
Et, s'il faut tout vous révéler,
Les affaires, à franc parler,
C'est simplement... l'argent des autres.

« Votre amant, Julie, a son prix ;
Mais, entre nous, je suis surpris
De voir un cœur comme le vôtre
S'assujettir au joug d'un autre.
— Mon cher, vous n'y comprenez rien.
Apprenez donc à mieux connaître
L'esprit de Saint-Preux et le mien :
Je suis sa maîtresse, et si bien
Qu'il n'a jamais été mon maître. »

Le singulier original !
A travers guérets et prairies,
Il va, humant l'air matinal,
Se perdre dans ses rêveries.
Sa toilette aussi me confond,
Tant l'eau m'y paraît épargnée.
C'est, dit-on, un penseur profond,
J'y consens ; mais dans le plafond
Il doit avoir une araignée.

C'est triste, mais original :
D'esprit en France on tient boutique ;
Pour deux ou trois sous tel journal
Le sert tout chaud à sa pratique.
Ce fait, dont parfois on sourit,
Dans un trouble profond me jette ;
Donc, me dis-je, tout dépérit :
Jadis nous avions de l'esprit,
Aujourd'hui tout fait on l'achète.

Plaisanter, rire à tout propos,
N'est qu'un travers sans importance ;
C'est le plus triste des défauts
Sitôt qu'il tire à conséquence.
La France, malheureusement,
Des quolibets est la patrie,
Et le meilleur raisonnement
Y baisse pavillon souvent
Devant une plaisanterie.

« Bon estomac et mauvais cœur,
Disait un moine à face ronde,
Tel est l'idéal du bonheur
Qu'on peut goûter en ce bas monde.
— Fort bien, reprit un curieux,
Mais vous, vénéré coq-en-pâte,
Seriez-vous parmi les heureux?...
— Eh non, depuis un an ou deux
Mon estomac, hélas! se gâte. »

A jeun, mal chaussé, mal vêtu,
Un pauvre à la mine flétrie
A risqué son dernier écu
Sur un billet de loterie.
Travers déplorable, affligeant,
Diront tous les sages de France.
— Eh non, Messieurs, cet indigent
Fait bon emploi de son argent :
Il achète... de l'espérance.

La charmante Amélie était
Sur le point d'être mariée,
Et sa mère en pleurs lui disait :
« Mon enfant, je t'ai bien aimée ;
Mais tu le verras à ton tour,
Si Dieu te dote de famille :
D'une mère le plus beau jour
C'est quand l'hyménée et l'amour
La débarrassent de sa fille. »

En France les distinctions
Ont une valeur sans seconde,
Aussi les décorations
Y sont du goût de tout le monde.
On vieillit, on songe au trépas,
On veut couronner sa carrière,
On n'épargne ni soins ni pas ;
La croix vient enfin, mais, hélas !
Souvent c'est une croix... de pierre !

Écho de mille bruits divers,
Paris pour tous est un mystère ;
Et que deviendrait l'univers
Si Paris venait à se taire ?
En dépit du Teuton grossier
Et de ses procédés barbares,
Toujours brillant, le front altier
Paris règne, et le monde entier,
Ramasse ses bouts de cigares.

Notre pays, dans ses malheurs,
Est encore digne d'envie,
Et l'on voit tous les nobles cœurs
L'entourer de leur sympathie.
Chacun, plein de compassion,
Fait des vœux pour la pauvre France ;
L'un nous dit : Résignation,
Un autre : Consolation,
Et tous d'une voix : Espérance !

La robe couvre de ses plis
Une trinité respectable,
Et pourtant parfois je pâlis
Devant ce trio redoutable.
Il tient dans ses puissantes mains
Nos biens, notre cœur et notre âme ;
Or, ces trois maîtres souverains
Sont, sachez-le, pauvres humains,
L'avocat, le prêtre, la femme.

Nos médecins, j'en suis d'accord,
Sont tous dévoués, charitables ;
Ils nous disputent à la mort
Avec mille soins admirables.
Il est pourtant un embarras
Qui fait qu'un mal parfois s'aggrave,
Et l'on assure que le cas
Où le malade est sans ducats
Est toujours le cas le plus grave.

Un vrai désintéressement
Est une vertu peu commune
Dont usent fort discrètement
Les gens qu'a comblés la Fortune.
On parle de fraternité,
Des droits sacrés de la nature,
De liberté, d'égalité,
Mais, par le fait, de son côté
Chacun tire la couverture.

Rien n'est plus curieux, ma foi,
Que le ton qu'on prend dans le monde
Selon qu'on y porte avec soi
Bourse plate ou bien bourse ronde.
Le pauvre est humble, sans entrain,
Le riche éclate en anecdotes,
Et l'on voit à son air hautain
Que sur la planche il a du pain,
Et qu'il a du foin dans ses bottes.

« Mon ami, puisque chaque soir
Vous vous rendez chez cette veuve,
Épousez-la : c'est un devoir ;
D'amour donnez-lui cette preuve.
— Ah ! gardez-vous de m'accuser !
Je chéris ses chaînes dorées ;
Pourtant, je n'ose pas oser,
Car si je viens à l'épouser
Où passerai-je mes soirées ? »

« Mes amis, il n'est plus d'amis, »
A dit un grincheux philosophe ;
Mais un peu de doute est permis
Avec les gens de cette étoffe.
Moi qui vous parle, j'en connais
Un fidèle et qui m'aide à vivre ;
Celui-là ne trompe jamais,
Au-dessus de tout je le mets,
Et c'est... devinez ! un bon livre. »

En pitié tout prendre ici-bas
Est le travers, dans bien des cas,
D'un esprit creux et chimérique
Dupe d'un idéal mystique.
Lorsque l'on vit si près des dieux,
Notre globe à peine mérite
Qu'on y jette un instant les yeux :
A celui qui la voit des cieux
La terre paraît bien petite.

Mon Dieu, que de l'humanité
Les affaires sont bien menées !
J'en atteste un regard jeté
Sur le champ de nos destinées.
Dans ce champ d'où l'on voit surgir
Ces biens dont l'aspect seul enivre,
Vient le vice, ardent à jouir ;
Il moissonne pour s'assouvir,
Les vertus y glanent pour vivre.

La Providence, dites-vous,
De nos destins est la maîtresse ;
Tout, en elle, est aimable et doux,
Chacun l'implore en sa détresse.
Croyez-y donc, c'est de bon ton ;
Mais pour moi c'est une infidèle
Qui, comme dame Benoîton,
Se moque du qu'en dira-t-on,
Et pour nous n'est jamais chez elle.

Quand, toujours prompt à s'enflammer,
Mon esprit a fourbi ses armes,
Je veux m'en servir pour calmer
D'un vieux papalin les alarmes.
Mais quoi ! mon homme, aux premiers pas,
Voit partout le diable et ses cornes
Et coupe court à nos débats !...
Ah ! c'est qu'on ne raisonne pas
Avec les dévots et les bornes !

Des sots bravant l'opinion,
Le sage sait avec mesure
Voir, dans toute religion,
Le point où surgit l'imposture.
Pauvres dévots, vous qui tenez
Pour vrai ce qu'ont dit les messies,
Ouvrez donc les yeux : par le nez
On vous conduit, et vous prenez
Pour des lanternes des vessies.

Qu'est-ce que la religion ?
— Vous l'ignorez ? Je vais le dire :
C'est l'amour, l'abnégation,
Poussés même jusqu'au martyre.
Tout autre est la dévotion :
Étreignant l'enfant et l'adulte,
Sur l'âme elle est sans action.
Aussi, c'est par religion
Que je ne pratique aucun culte.

Qui n'a constaté sans douleur
Que tous ces ardents catholiques
A la guerroyante ferveur
Sont d'incurables fanatiques ?
Leur étroite dévotion
En sainte horreur tient la science,
Et, chez eux, la religion,
Fruit de la superstition,
A pour aïeule l'ignorance.

« Quand on est mort c'est pour longtemps. »
Cette maxime n'est pas neuve,
Mais elle fut, dans tous les temps,
De philosophie une preuve.
Quoi ! trembler devant le caveau
Qui mène à la vie éternelle !...
Pour moi, j'aime à voir du nouveau,
Je suis au bout de mon rouleau,
Le Destin peut tirer l'échelle.

Être crédule et vaniteux,
Qui te complais dans la chimère,
Homme, quand verrons-nous tes vœux
Bornés aux seuls biens de la terre ?
Invente, adore dieux sur dieux,
Crois avec une foi profonde,
Cours t'incliner sur les saints lieux,
Mais n'attends jamais rien des cieux :
Tout en ce monde est de ce monde.

« Victime d'une erreur profonde,
Mon fils, vous fûtes esprit fort ;
Mais voici l'heure de la mort,
Parlez, édifiez le monde.
— Mon père, infâme ou respecté,
Celui qui va quitter la terre
Ne veut jamais être écouté
Que par faiblesse ou vanité ;
C'est pourquoi j'aime mieux me taire. »

Feu Jacque était un esprit fort,
Tout le contraire d'un papiste,
Mais ne voulant pas croire au Sort,
Il disait : « Moi, je suis déiste. »
Sa foi pourtant avait le tort
De n'être pas très-arrêtée,
Aussi, je soupçonne très-fort
Qu'un déiste est un croyant mort
Trop tôt pour devenir athée.

Disons un mot des faux dévots,
Fléau que partout on rencontre ;
J'en sais un qui, fort à propos,
Sous leur vrai côté nous les montre.
A l'église, assis ou debout,
Par sa tenue il édifie ;
Mais ce jeu m'emplit de dégoût,
Car c'est un fourbe, et je crains tout
De lui les jours qu'il communie.

Quand sur l'encens ils sont blasés
Les grands veulent être amusés;
Sans se lasser, Dieu seul supporte
Pieux honneurs de toute sorte.
Toujours flatté, toujours fêté,
Il faut que Dieu, malgré son âge,
Ait un fameux fonds de gaîté
S il n'est pas impatienté
D'être l'objet d'un tel hommage.

« C'est folie à nous d'espérer
Qu'un nouvel âge d'or se fonde;
De tout si l'on ne veut pleurer,
De tout il faut rire en ce monde.
La plupart des hommes sont fous,
Ils ont des penchants déplorables...
— Mais pour parler ainsi de nous,
Qu'est donc le monde, selon vous ?
— Un vaste hospice d'incurables. »

Tout cela n'est pas sérieux,
Dira quelque censeur sévère ;
Mais je suis né facétieux,
Si c'est un mal, qu'y puis-je faire ?
Le ton enjoué me sourit,
Je l'aime jusqu'en ses faiblesses,
Et quand plus d'un lecteur en rit,
Je me demande où mon esprit
Va prendre tant de gentillesses.

III

MENUS PROPOS

SUR LE MARIAGE

MENUS PROPOS

SUR LE MARIAGE

———

Incedo per ignes suppositos cineri doloso.
(Horace.)

MENUS PROPOS

SUR LE MARIAGE

Que n'a-t-on pas dit et redit
Sur ce saint nœud du mariage !
L'un n'y voit qu'un lien maudit,
L'autre voit partout bon ménage.
Pour nous mettre enfin tous d'accord,
Avec moi que chacun répète
Ce mot qui m'a plu tout d'abord :
« Dans la tempête c'est un port,
Et dans le port une tempête. »

Saint Paul nous dit : « Mariez-vous,
Vous ferez bien, c'est manifeste ;
Mais fuyez le titre d'époux,
Vous ferez mieux, je vous l'atteste. »
Le fameux âne, entre deux seaux,
N'était certes pas plus à plaindre ;
Dans les deux cas je risque gros.
Bah ! restons garçon : de deux maux
Il faut savoir choisir le moindre !

Une femme est un diamant.
L'éducation, c'est la taille
Qui, pour allumer le chaland,
Va faire d'elle œuvre qui vaille.
Le monde est le grand polisseur
Par qui son éclat brille et perce.
Quand elle a toute sa valeur,
Vient l'hymen, hardi brocanteur,
Qui la lance dans le commerce.

Les prétendants prétendent tous
Qu'un pur amour seul les enflamme ;
Une dot, des biens, dites-vous ;
Que c'est mal connaître leur âme !
Ce beau, ce généreux discours
Tout d'abord ravit la fillette.
Naïve enfant ! les vrais amours
D'un prétendant seront toujours
Pour les beaux yeux de la cassette.

Sans l'appoint de solides rentes,
Les futurs se font tous prier,
Et les filles à marier
Sont aujourd'hui bien encombrantes.
Eussent-elles reçu d'en haut
Cette grâce qui nous enivre,
Et fussent-elles sans défaut,
Comme les décombres il faut
Payer pour qu'on nous en délivre.

On me dit parfois que d'aimer
Les hommes sont toujours en âge,
Doux mensonge pour m'entraîner
Sur la pente du mariage.
Qui n'a plus l'âge des amours
Doit se garder d'aimer encore ;
Des ans il faut subir le cours :
Au crépuscule de ses jours
On ne peut rejoindre l'aurore.

Sans souci des ans, des hasards,
J'ai longtemps parcouru le monde,
Et l'on m'a vu de toutes parts
Admirant la brune et la blonde.
A laquelle offrir mes présents ?
Choisir, c'est commettre une offense ;
J'y pense encor de temps en temps ;
Et, qui l'eût cru ? depuis trente ans
Entre les deux mon cœur balance.

Craignons ces esprits à l'envers
Qui, pris d'une sorte de rage,
Veulent, à tort comme à travers,
Pousser les gens au mariage.
Ils vous montrent de tous côtés
Mérite, vertus, innocence...
Mais trop souvent vous constatez
Que ces brillantes qualités
Ne brillent que par leur absence.

« Un homme à la mer ! » s'écriait
Un vieux disciple de Voltaire,
Au moment où se mariait
Un jeune et beau célibataire.
— Ah ! reprit un railleur amer
Pour qui l'hymen est sans mystère,
C'est bien pis qu'un homme à la mer,
C'est un pied posé dans l'enfer,
C'est un homme... à la belle-mère ! »

« Voyons, Madame, franchement,
(Soit dit sans que cela vous vexe)
S'il pouvait en être autrement,
Voudriez-vous changer de sexe ?
— Quoi ! vous me demandez cela ?
Mais vous tombez donc de la lune ?
Je suis femme, et je m'en tiens là,
Par un seul motif... que voilà :
J'échappe au danger d'en prendre une. »

L'hymen va faire deux heureux :
L'épouse est belle comme un ange
Et porte d'un air radieux
Son beau bouquet de fleurs d'orange.
C'est pourtant une Frétillon
Qui va plus au bal qu'à l'église ;
Même on dit que son cotillon
A vu... mais chut ! le pavillon
Couvre toujours la marchandise.

Prend-il femme pour tout de bon,
L'homme à certain danger s'expose;
Rien n'est plus commun que le nom,
Rien n'est moins rare que la chose.
« Bagatelle! a dit un ancien,
Simple épine jointe à la rose.
Maris jaloux, croyez-le bien,
Quand on l'ignore ce n'est rien,
Quand on le sait c'est peu de chose. »

Arbre charmant, bel oranger,
Chaste emblème du mariage,
Je ne puis te voir sans songer
Au bonheur d'entrer en ménage.
Mais j'aperçois autour de toi
Des ombres au nez long d'une aune;
Qui les met en ce désarroi?
— Pauvre innocent, regarde-moi :
Ma fleur est blanche et mon fruit jaune.

Tout heureux de se rencontrer
Après six mois de mariage,
Deux vieux amis venaient d'entrer
Dans les détails de leur ménage.
« Ah! disait l'un tout abattu,
Félicite-moi si tu l'oses,
Ma femme a l'esprit faux, pointu...
— Et moi, reprit l'autre, crois-tu
Que je sois sur un lit de roses ! »

« Le purgatoire vous attend,
Allez plus loin, disait saint Pierre
A deux morts qui, l'air tout content,
Du ciel soulevaient la portière.
— Mais à l'hymen j'ai satisfait,
Dit l'un, n'est-ce pas méritoire ?
— Oh! très-méritoire, en effet.
Entrez, mon cher, vous avez fait
Sur terre votre purgatoire. »

Devant le seuil du paradis
Le second alors se présente.
« On n'entre pas, je vous le dis, »
Crie une voix retentissante.
— Mais moi, je fus époux aussi,
Et deux fois ; c'est bien plus louable !
— Marié deux fois ? Grand merci !
Les fous n'entrent jamais ici.
Va, triple sot, va-t-en au diable ! »

« Mon vieux, je veux te marier,
Me dit un jour un camarade ;
Surtout ne te fais pas prier,
Le célibat rend si maussade !
— Ah ! le beau projet à former !
Mais, mon pauvre ami, tu te railles ;
Corbleu ! je puis encore aimer,
Et Dieu me garde d'enfermer
Mon cœur entre quatre murailles ! »

Un mari, rebelle au paiement
Du juste impôt du mariage,
Tient, par contre, assez fréquemment
A sa femme ce beau langage :
« Mon amour, cette abstention
Ne peut à mal m'être imputée ;
C'est, vois-tu, par discrétion ;
Et puis, tu sais, l'intention
Pour le fait même est réputée. »

Devant le tribunal des cieux
Certain veuf, pour méfait notoire,
Venait d'encourir, pauvre vieux !
Mille siècles de purgatoire.
« Ah ! dit-il, où m'avez-vous mis ?
Mais c'est l'enfer que je réclame !
Au purgatoire (j'en frémis)
Ignorez-vous, mes bons amis,
Que je puis rencontrer ma femme ! »

Célibataires endurcis,
Nous disons tous, pour nous distraire :
Bon ménage est un paradis,
C'est un enfer que le contraire.
Or, comment ne pas hésiter
Devant la crainte d'un déboire ?
L'hymen, certe, a de quoi tenter,
Mais, sans vouloir en dégoûter,
Je reste dans mon purgatoire.

J'ai reconnu depuis longtemps,
Bien que je sois célibataire,
Qu'un enfant est, pour ses parents,
Le plus grand fléau de la terre.
Avec son air doux et charmant,
Il fait le tourment de la vie ;
Aussi le dis-je ici crûment :
« Les enfants, c'est le châtiment
De l'imprudent qui se marie. »

J'ai pour l'hymen fort peu de goût;
Mais un jour je l'échappai belle,
Alors que d'un ton aigre-doux
On blâmait mon humeur rebelle.
« Allons, cher, passez-en par là,
Vous verrez luire une autre aurore;
La fille vous va, prenez-la. »
Dites, que répondre à cela?
Rien? Eh bien, moi, je cours encore.

Mon voisin, chercheur sans pitié,
Est très-fort en astronomie;
Mais il le doit à sa moitié,
Savante et précieuse amie.
Cette aimable femme, en effet,
De la nuit n'attend pas les voiles
Pour lui montrer ce qu'elle sait,
Et chaque jour elle lui fait
En plein midi voir des étoiles.

« Ah ! disait Paul, les sottes gens
Qui glosent sur mon mariage !
Mes amis, plus intelligents,
Le trouvent raisonnable et sage.
A le constater je me plais :
Que je rencontre Pierre ou Charle,
Mon hymen déride leurs traits.
Heureux il sera, car je fais
Rire tous ceux à qui j'en parle. »

Arthur du livre des époux
N'est encore qu'à la préface,
Et déjà les soupçons jaloux
Dans son esprit ont trouvé place.
« J'ai peur qu'entre ma femme et moi
La paix, me dit-il, ne se rompe ;
Je crois qu'elle manque à sa foi.
— Tu crois ? alors rassure-toi,
Car, tu le sais, qui croit se trompe. »

« Monsieur, me disait un époux,
Un peu bien naïf pour son âge,
Je suis père, le croiriez-vous ?
Après cinq mois de mariage !
— En vérité, jeune vaurien ?
Mais comment diable as-tu pu faire ?
Qu'importe après tout le moyen ;
L'enfant et la mère vont bien,
Le temps ne fait rien à l'affaire. »

« Mon ami, je ne sais vraiment
Pourquoi vous m'amenez sans cesse
Ce fat que vous trouvez charmant ;
Il m'obsède, je le confesse.
— On n'est pas plus sotte que toi ;
De lui tu ne sais que médire ;
Je vous fais, Madame, une loi
De le traiter ainsi que moi. »
Les maris me font toujours rire.

Un mari venait de laisser
Sa chère femme au cimetière,
Et chacun d'aller l'embrasser
En le plaignant à sa manière.
« Ah! s'écriait un vieux chrétien,
En lui donnant son accolade,
Nos cœurs sont brisés, et le tien?
— Moi? Merci, je me trouve bien
De ma petite promenade. »

« Vieux transfuge du célibat,
Toi dont la vie est terminée,
Dis-nous donc, heureux scélérat,
Ce qu'il en est de l'hyménée.
— Ah! mes enfants, je suis volé :
Ma femme, hélas! n'est qu'une buse!
— Bah! pourquoi cet air désolé?
Dans ce monde si mal réglé,
Mon pauvre ami, chacun *s'abuse*.

« Ah ! quel plaisir d'être garçon ! »
Chantent tous les célibataires.
Maris, dites donc sans façon
Leur fait à tous ces solitaires.
Ils vous trouvent des prisonniers
Condamnés à vivre en ménage ;
Mais eux, ces plaisants chansonniers,
Que sont-ils donc ? Des braconniers...
Des braconniers du mariage.

Aimer est le souverain bien ;
Et lorsqu'on dit qu'un peu d'absence
En fait d'amour ne gâte rien,
Ce n'est point une impertinence.
Le meilleur cœur dans ses replis
A des taches qui le déparent ;
Osez nier ce que je dis :
Époux qui s'aiment réunis
S'adorent lorsqu'ils se séparent.

Mais soyons juste : un mot ici
Pour ces matrones d'un autre âge
Qui pouvaient s'exprimer ainsi
Dans leur simple et noble langage :
« On ne peut rien nous reprocher :
Notre carrière est terminée ;
Nous avons vécu sans broncher
Entre les flammes du bûcher
Et le flambeau de l'hyménée. »

Quand je prends ainsi mes ébats,
Je sais bien à qui je m'adresse ;
Aussi, je ne redoute pas
Que cette liberté vous blesse.
Pourtant, à force de parler,
Si quelque trait par trop vous touche,
Je n'irai pas m'en désoler,
Et dirai, pour me consoler :
Bah ! qui se sent morveux se mouche !

IV

MAXIMES

MAXIMES

Adpone lucro.
(HORACE.)

MAXIMES

« Encor des strophes ? Mais vraiment
Cela tourne à la litanie !...
— C'est vrai : je suis décidément
Tombé dans la métromanie.
Vainement je me dis bien haut
Que c'est une œuvre sotte, ingrate;
Cela n'y fait ni froid ni chaud :
Quand un vers me démange, il faut
Qu'à toute force je me gratte. »

Des grands mots, sonores et creux,
On a fait toute une science.
Plus d'un orateur trouve en eux
Les foudres de son éloquence.
Leur éclat, s'il brille à propos,
Relève les mauvaises causes ;
De nos modernes Mirabeaux
C'est la ressource : les grands mots
Font valoir les petites choses.

On ne fait guère confidence
Des bienfaits que l'on a reçus ;
Mais sur ceux qu'on a répandus
Comment se réduire au silence !
La modestie, en cas pareil,
N'est jamais ce qui nous encombre ;
L'orgueil seul nous tient en éveil,
On veut donner en plein soleil,
On voudrait recevoir à l'ombre.

L'amitié n'est pas un vain mot.
Lorsque dans un cœur elle brille
Elle le rend meilleur, plus chaud.
Elle accroît, étend la famille.
Précieuse dans tous les rangs
Elle offre des douceurs suprêmes
Que regrettent souvent les grands,
Et les amis sont des parents
Que nous nous faisons à nous-mêmes.

C'est à bon droit qu'on maudit l'homme
Qui, par ses propos ennuyeux
Et ses récits fastidieux,
Sans trêve et partout nous assomme,
Mais alors faut-il aussitôt.
Prendre congé de ce bélitre ?
— Non pas : dans le discours d'un sot
On peut rencontrer un bon mot,
Comme une perle dans une huître.

L'amour-propre fait tout plier ;
C'est un tyran assez bizarre
Auquel un trait particulier
Donne un relief tout à fait rare.
Toujours armé pour le combat,
Qu'il console une âme abattue
Ou se révèle avec éclat,
Très-vivace et très-délicat,
Tout le blesse, et rien ne le tue.

L'espérance a vraiment du bon :
Elle est la sauce de la vie,
Elle fait manger le poisson
Quand sans excès elle est servie.
Mais lorsque notre ange gardien
Envers nous se montre sévère,
Quand nos vœux sont comptés pour rien,
Loin d'être alors notre soutien,
L'espérance nous désespère.

Cœurs généreux, mais peu sensés,
Pratiquez mieux la bienfaisance,
Ou vous verrez vos obligés
Vous payer par la médisance.
La bienfaisance, en certains cas,
N'est pas une petite affaire ;
Montrez-vous discrets, délicats :
Faire le bien ne suffit pas ;
Il faut encore le bien faire.

Jeter par-dessus les moulins
Son bonnet, son cœur et son âme,
Se rire des propos malins,
C'est un grand tort pour une femme.
Toi qui, par d'invincibles feux,
Vers l'amour te sens attirée,
Crois-moi : sois belle si tu peux,
Sois même sage si tu veux,
Mais sois toujours considérée.

En toute chose appliquons-nous
A mener à fin notre ouvrage,
Et, si changeants que soient nos goûts,
Mettons-y tout notre courage.
Un travail, s'il est incomplet,
N'est jamais qu'une œuvre éphémère;
Pour ne rien laisser d'imparfait,
Le sage croit n'avoir rien fait
Tant qu'il a quelque chose à faire.

Du sort pour conjurer les coups,
Les hommes s'agitent sans cesse;
Mais bien souvent un dieu jaloux
Confond leurs plans et leur sagesse.
Vous croyez avoir tout prévu,
Votre prudence est admirable,
Puis, un jour, pris au dépourvu,
Vous trouvez qu'en tout l'imprévu
Est encore le plus probable.

Je plains sincèrement celui
Qui n'ayant jamais rien à faire
Vit aux prises avec l'ennui,
Sans quelque goût pour se distraire.
Il nous faut à tous un soutien,
Car l'existence est une lutte ;
Tant pis pour qui n'a pas le sien :
A celui qui ne tient à rien
Tout est occasion de chute.

Bien que souvent on puisse y voir
Un agrément sans conséquence,
Craignons toujours de recevoir
Des médisants la confiance.
Pierre en parlant est tout courroux,
Paul prend le ton des bons apôtres ;
Mais croyez qu'ils préludent tous
Au mal qu'ils vont dire de vous
Par celui qu'ils disent des autres.

La bonne humeur et la gaîté,
Dons précieux de la jeunesse,
Devraient toujours, en vérité,
Nous suivre jusqu'à la vieillesse.
Avec l'âge on devient enclin
A déverser sur tout le blâme.
N'attristons pas notre déclin ;
La mauvaise humeur, dit Franklin,
Est la malpropreté de l'âme.

Qui n'aime les petits cadeaux ?
L'amitié si bien en profite !
Leur mérite est dans l'à-propos.
Donne deux fois qui donne vite.
Que sert d'éblouir, d'étonner ?
Ce luxe ne trompe personne ;
Dans nos dons sachons nous borner ;
D'ailleurs la façon de donner
Vaut souvent mieux que ce qu'on donne.

Pareils au fleuve dont les eaux
Vont se renouvelant sans cesse,
Nos jours s'écoulent flots à flots
De la naissance à la vieillesse.
Que jamais nos goûts, notre cœur,
Ne s'attardent sur le rivage;
C'est un des secrets du bonheur.
De son âge a tout le malheur
Qui n'a pas l'esprit de son âge.

Le persiflage est, on l'a dit,
De l'esprit l'aristocratie;
On glose, on s'égaie et l'on rit,
Sans fiel, sans haine et sans envie. —
Bien pensé, bien dit, sur ma foi;
Mais je règle ma conscience
D'après une tout autre loi,
Et le persiflage pour moi
De l'esprit est l'impertinence.

Chacun, dans son opinion,
Est plein de force et de courage,
Et des qualités du lion
Volontiers il fait étalage.
Mais qu'il tombe dans les liens
D'une beauté sans indulgence,
Le voilà perdu corps et biens :
« Amour, amour, quand tu nous tiens,
On peut bien dire : adieu prudence ! »

En dépit des docteurs en *us*,
Il est un dieu pour les ivrognes,
Et le nom d'élus de Bacchus
Se lit sur leurs vaillantes trognes.
Mais c'est un penchant dangereux
Que celui qui nous porte à boire ;
Le vin est un don précieux,
Bien souvent pourtant il vaut mieux
Pour la soif garder une poire.

Quand de l'hiver la cruauté
Laisse l'indigent sans ressource,
Pour l'amour de l'humanité
Sans regret ouvrons notre bourse.
Profitons des veines du jeu,
« Le plaisir rend l'âme si bonne ! »
Donnons en tout temps, en tout lieu,
« Qui donne aux pauvres prête à Dieu. »
L'aumône n'appauvrit personne.

Le positif de cette vie
Est un joug qu'il faut supporter ;
On s'épuise en voulant lutter,
Lors même que tout y convie.
Pleins de censeurs outrecuidants,
Le monde sans pitié comprime
Doux élans du cœur, vœux ardents,
Et le serpent use ses dents
A vouloir ronger une lime.

« Quoi ! toujours, toujours amasser,
Y songes-tu, vieillard stupide ?
A la veille de trépasser,
Peut-on être à ce point sordide !.... »
Au fait, à quoi bon discourir
Sur un travers aussi bizarre :
Laissons-lui ce dernier plaisir,
Vivre pauvre et riche mourir,
C'est la devise de l'avare.

Le hasard a vraiment bon dos.
L'homme s'en plaint à tout propos
Et met trop souvent sur son compte
Déboire, espoir déçu, mécompte.
Mais je ne crains pas d'attaquer
L'erreur où chacun se repose ;
Le hasard, dût-on s'en choquer,
N'est qu'un mot fait pour expliquer
Ce dont on ne voit pas la cause.

Certains beaux esprits, soucieux
De divertir la galerie,
Vont partout glanant de leur mieux
Trait, bon mot et plaisanterie.
Mais souvent, en changeant de main,
Le trait devient plat ou vulgaire
Et perd son sel et son entrain;
L'à-propos est son vrai terrain :
Mot transplanté ne reprend guère.

« Fille, si tu ne veux finir
Par coiffer sainte Catherine,
Crois-moi, sache te maintenir
Au rang où le sort te confine.
En vain l'orgueil de tes parents
Fait sonner bien haut ton mérite,
Les futurs sensés et prudents
Se disent : tous ces beaux talents
Ne font pas bouillir la marmite. »

Sous mon toit j'aime qu'on soit bien,
Qu'on trouve un plaisir pour chaque âge ;
Tout offrir, n'insister sur rien,
Tel est le précepte du sage.
Pour les façons j'ai de l'horreur,
En faire est pour moi sans excuse ;
Quand j'invite c'est de tout cœur,
Quand j'offre c'est avec bonheur,
Et chez moi qui refuse muse.

Avec zèle obliger les gens,
C'est fort louable, mais c'est faire
Un ingrat et dix mécontents ;
Cela se voit en mainte affaire.
Osons dire la vérité
Sur ce point d'importance extrême,
Et proclamons que tout compté,
Bien comprise la charité
Commence toujours par soi-même.

L'indulgence et la charité
Sont pour moi deux vertus suprêmes
Qui forment avec la bonté
La plus noble part de nous-même.
Appelons le pardon des dieux
Sur ceux qui se laissent corrompre;
Il en est des gens vicieux
Comme des vitres, il vaut mieux
Les nettoyer que de les rompre.

De bonheur chacun a besoin;
Mais, par une méprise extrême,
L'homme va le chercher bien loin,
Au lieu de le prendre en lui-même.
On fait peu de cas du passé,
Le présent semble sans promesse,
L'avenir seul est caressé :
Et dans l'esprit toujours placé
Le bonheur recule sans cesse.

Le naturel, ce don charmant,
Est moins commun qu'on ne le pense ;
On y tient médiocrement,
Volontiers même on s'en dispense.
Et pourtant est-il un seul cas
Où l'on ne le trouve à sa place ?
En tout qu'il ait toujours le pas,
Comme le pain, dans les repas,
Jamais personne ne s'en lasse.

Il n'est pas de sot compliment.
— Pour qui le fait c'est bien possible ;
Mais il en est tout autrement
Pour celui qui lui sert de cible.
Maître Renard était, ma foi,
Plus fin que certain roi d'Ithaque ;
Or donc, corbeau, berger ou roi,
Si l'on te flatte, défends-toi :
La flatterie est une attaque.

Me croyant tout près de partir
Pour accomplir le grand voyage,
Mon curé, pour me convertir,
Me tenait un jour ce langage :
« Mon fils, un bonheur sans pareil
Attend ceux qu'a touchés la grâce ;
Livrez la raison au sommeil,
Croyez en Dieu, comme au soleil,
Sans l'oser regarder en face. »

On a tout dit sur la santé,
Trésor auquel chacun aspire ;
Aussi rien n'est moins contesté
Que sa puissance et son empire.
Avec elle tout est parfait,
Au bonheur elle nous convie,
Tout s'embellit à son reflet ;
Bref, elle est l'unité qui fait
Valoir les zéros de la vie.

Il vaut mieux tenir que courir,
Dit la saine philosophie ;
Toujours compter sur l'avenir,
C'est bien mal comprendre la vie.
Amis, pour bannir tout souci,
Que mon précepte soit le vôtre,
Et que chacun répète ici :
« Un *tiens* vaut, dans ce monde-ci,
Plus que cent *tu l'auras* dans l'autre. »

Saine logique, tu devrais
Être la reine de la terre,
Et cependant tu n'as d'attraits
Que pour le philosophe austère.
L'inconséquence a le grand tort
D'enfanter des esprits frivoles ;
Mais on l'évite sans effort
Pour peu que l'on mette d'accord
Ses actes avec ses paroles.

Paul fut longtemps un bon vivant
Ne rêvant que « nopce » et bombance,
Mais il vieillit, et maintenant
Il songe à faire pénitence.
S'il vous rencontre il vous dira
Que les ans qu'il lui reste à vivre
Seront consacrés à cela.
— Eh ! sans doute, les errata
Sont toujours à la fin du livre.

Quand, chez nous, on garde un secret
C'est qu'on a perdu la mémoire ;
Le confident le plus discret
De Midas rappelle l'histoire.
Sur ce point pas d'exception ;
Écoutez, vous que cela touche :
Confidence, indiscrétion,
Sont, suivant mon opinion,
Aussi voisins qu'oreille et bouche.

« Non, la douleur n'est pas un mal,
A dit Zénon le philosophe;
L'homme reste impassible, égal,
S'il est ferme et de bonne étoffe. »
— Soit, mais le mal qui nous aigrit
A sa puissance, ses arcanes,
Dont malaisément on se rit;
Et, fort ou faible, notre esprit
Est sous le joug de nos organes.

Rien ne sert de philosopher.
Bien fou qui croit au platonisme
Ou se flatte de triompher
Des maux avec le stoïcisme !
Un ami de la vérité,
En qui sans crainte je me fie,
M'a souvent dit et répété :
« Bonne ou mauvaise, la santé
Fait toute la philosophie. »

Pour détendre un peu les ressorts
Qui règlent le cours de la vie,
Chacun fait suivre ses efforts
De quelques instants de folie.
Mon Dieu, la folie a son prix,
Laissons-lui son jour et son heure;
Mais que tout homme bien appris
Sache avertir son cœur surpris
Que la plus courte est la meilleure.

« Ma devise est : *non tumeo*,
A son fils écrivait un père;
J'y joins encor : *nec timeo*,
Et tu l'adopteras, j'espère.
Écarter l'orgueil et la peur,
C'est sur soi prendre un grand empire;
Va, mon fils, montre en tout du cœur,
Et pour assurer ton bonheur,
Fais ce que dois et laisse dire. »

« Croyez-moi, chers amphitryons,
Ventre creux est peu charitable,
Et si chez vous nous attendons,
Que ce soit les pieds sous la table.
Tout retard offre un vrai danger ;
Rôti trop cuit n'est jamais tendre.
D'ailleurs, comment n'y pas songer ?
Attendre empêche de manger,
Manger n'empêche pas d'attendre. »

Presque tout se fait en dînant,
C'est la règle, au siècle où nous sommes ;
Or, les dîners sont trop souvent
Un moyen de mener les hommes.
On a vu truffes et bordeaux
Dompter l'esprit le plus farouche ;
Pour séduire ils sont sans rivaux ;
L'homme, c'est comme les chevaux :
On le gouverne par la bouche.

« Mon ami, je suis dégoûté
Du spectacle qu'offre le monde ;
L'impudeur, le vice éhonté,
Montrent partout leur front immonde.
— Calme-toi, vaillant puritain,
Pour vaincre dégoût et nausée,
Je t'offre un remède certain :
Avale un crapaud le matin,
Tu passeras mieux la journée. »

Un bienfait n'est jamais perdu ;
Chacun le dit par habitude ;
Mais plus d'un service rendu
N'est payé que d'ingratitude.
— Allons donc ! propos offensant !
Notre cœur est sensible et tendre.
Consultez un riche, un puissant :
L'homme est toujours reconnaissant
Des services... qu'on va lui rendre.

« Mon ami, j'ai recours à toi
Pour me tirer de la misère ;
Celui que tu revois en moi
Est un nouveau Job sur la terre.
— Qu'est-ce donc ? Vous prêter, à vous
Qu'ont ruiné le jeu, les biches ?
Non pas ! je tiens à mes gros sous,
Je veux les bien employer tous ;
D'ailleurs, on ne prête qu'aux riches... »

Je ne suis pas prédicateur,
Mais si j'avais cet avantage,
Je tiendrais, en sage pasteur,
A mes ouailles ce langage :
« Laissez le fourbe, l'aigrefin,
Triompher sur toute la ligne ;
Ne voyez jamais que la fin :
Si ce bas monde est au plus fin,
Le ciel est toujours au plus digne. »

Les stoïciens, de tout temps,
Ont vanté la philosophie,
Qui, disent-ils, rend patients
Les déshérités de la vie.
Mais quand l'a-t-on vue à propos
Calmer une peine cruelle?
Elle sait triompher des maux
Qui sont passés; les maux nouveaux,
Les maux présents, triomphent d'elle.

La crainte et l'espoir, tour à tour,
Sont les ressorts de notre vie,
Et par eux, jusqu'au dernier jour,
Tout change d'aspect et varie.
Hier, on se croyait dupé;
Aujourd'hui l'on a confiance.
Toujours flottant, préoccupé,
L'homme par la crainte est trompé
Presque autant que par l'espérance.

Il arrive qu'un même objet,
Par un retour qui semble étrange,
Après avoir séduit déplaît,
Tant notre goût s'égare ou change.
Hier nous en étions épris,
Maintenant il nous importune ;
Mon Dieu, n'en soyons pas surpris,
C'est notre humeur qui met le prix
A ce qui vient de la Fortune.

Savoir embellir est un art.
Pratiqué d'une main habile,
Il nous prouve qu'un peu de fard
Pour plaire n'est pas inutile.
Mais sachons que le beau pâlit
Si la main n'est fine et légère ;
Et pour qui voit, entend ou lit,
N'oublions pas qu'on affaiblit
Toujours ce que l'on exagère.

Les qualités nous font briller :
Ce sont les joyaux de la vie ;
Mais leur grand tort est d'éveiller
Les propos méchants de l'envie.
Du succès chercheurs obstinés,
Ayez recours aux artifices ;
Croyez-moi : vous réussirez
Moins en montrant vos qualités
Qu'en sachant déguiser vos vices.

Chi va piano va sano,
Enseigne la sage Italie ;
Chi va sano va lontano,
Autre adage auquel je me fie.
Pourquoi prendre, dans bien des cas,
Des résolutions suprêmes ?
Marchons prudemment, pas à pas ;
Les esprits extrêmes n'ont pas
De plus grands ennemis qu'eux-mêmes.

La peste soit des sottes gens
Qui, sur tout faisant la grimace,
Loin de se montrer indulgens
Ne trouvent jamais rien en place !
Mais voyez donc, esprit grognon,
Combien vous nous la donnez belle :
Tandis que, en mainte occasion,
La pelle se plaint du fourgon,
Le fourgon se plaint de la pelle !

Un dernier mot, puis n i ni,
D'Apollon fuyant les royaumes,
Je vous tiens quittes, j'ai fini,
De coudre tous mes axiomes :
Le plaisir que j'ai pris n'a rien
Qu'un esprit honnête n'approuve ;
Chacun a son goût, c'est le mien,
Et volontiers je prends mon bien
Et mon plaisir où je les trouve.

V

ÉCHOS

ÉCHOS

Sunt bona, sunt quædam mediocria, sunt plura mala.
(MARTIAL.)

ÉCHOS

Échos?... D'où viennent vos échos?
— Un peu de partout, je l'avoue ;
Mais n'allez pas, à ce propos,
Me bouder et faire la moue.
Ils viennent, dis-je, de partout ;
La nature, l'homme, la femme,
D'écouter m'ont donné le goût.
Et mes échos viennent surtout
Du cœur, de l'esprit et de l'âme.

Ma barque n'est plus qu'un radeau
Dont la passagère est mon âme ;
Près de sombrer elle fait eau,
Mais l'âme glisse sur la lame.
Comme un vieux saule chancelant,
Soutenu par sa seule écorce,
Montre un front jeune et verdoyant,
Ainsi, quand le corps est mourant,
L'âme encore a toute sa force.

Notre existence est un coteau
Dont chaque versant est rapide ;
Mais sur l'un tout est frais et beau,
Tout, sur l'autre, est ingrat, aride.
D'abord, un gazon velouté
Offre un doux tapis au jeune âge ;
Plus tard, l'homme au faîte monté
Descend, triste et désenchanté,
Un sentier pierreux, sans ombrage.

Dans le ciel transparent et pur,
La nuit descend, grave et sereine,
Comme, dans son manteau d'azur,
Marche une belle souveraine,
Viens, ô nuit, fais briller aux cieux
Les étoiles, ces fleurs célestes;
Grâce à toi, je sentirai mieux
Tous les parfums délicieux
De mes fleurs, étoiles terrestres.

« Mon ami, nous n'avons plus l'âge
Où l'on peut encor s'enflammer,
Me dit parfois pour me calmer
Une femme d'esprit fort sage.
Vos soins sont pour moi précieux,
Vos discours charment mon oreille,
Mais lorsque je lis dans vos yeux,
Je vois que c'est encore aux vieux
Qu'on plaît le moins quand on est vieille. »

Tout, en ce monde, est surprenant ;
Mais j'y remarque, entre autres choses,
Un écart vraiment étonnant
Entre les effets et les causes.
Exemple : où trouver un savant
Qui, d'une voix ferme et hardie,
Puisse dire pourquoi souvent
La chandelle s'éteint au vent
Qui fait éclater l'incendie ?

Malgré ses merveilleux travaux,
La nature, toujours discrète,
Ne procède jamais par sauts,
Dans son œuvre que rien n'arrête.
Calme, et ne marchant qu'à pas lents,
Si vaste que soit l'entreprise,
On la voit, fidèle à ses plans,
Sans compter dépenser les ans ;
C'est l'effort qu'elle économise.

Moralistes, j'en suis d'accord :
Les débauches de la jeunesse
Sont des défis jetés au sort,
Un complot contre la vieillesse.
Laissons pourtant un libre cours
Aux feux dont brille notre aurore ;
Quand le destin a sur nos jours
Semé les fleurs et les amours,
Ne les empêchons pas d'éclore.

Les plaisirs sont-ils le bonheur?
Non ; mais ils en sont la monnaie ;
Ils ont un prix, une valeur
Dont, faute de mieux, on se paie.
Laissons-leur donc un libre cours ;
Que jeux, que festins, amourettes,
Sans les remplir charment nos jours ;
Ayons-y quelquefois recours,
Car du bonheur ce sont les miettes.

La Bible raconte l'histoire
Du monde, du peuple de Dieu,
Et l'on nous dit : Pas de milieu,
Il faut tout croire ou ne rien croire.
Croyons plutôt qu'un voile épais
Couvre l'origine des choses,
Et qu'ici-bas nous sommes faits
Pour jouir de tous les effets
Sans jamais connaître les causes.

N'ayons pas honte de rougir
Quand un propos choquant nous blesse,
Et gardons-nous de réagir
Contre une honorable faiblesse.
Sans souci d'un regard moqueur,
Laissons jaillir la vive flamme
Échappée au foyer du cœur ;
De la pudeur elle est la sœur,
Et, comme elle, un reflet de l'âme.

Sur les mots mettons-nous d'accord,
Sans quoi rien n'est intelligible.
Voyez comme on confond à tort
Le probable avec le possible !
Et tenez, j'ai là sous la main
Un exemple bien saisissable :
Est-il possible que demain
Du ciel je prenne le chemin ?...
Oui certes, mais c'est peu probable.

L'expérience, à tout bien voir,
C'est pour nous l'étoile polaire,
Qui ne se lève que le soir,
Quand nous n'avons plus rien à faire.
Ses rayons pourraient nous aider
A trouver le bonheur qu'on rêve,
Mais loin de le lui demander,
Chacun, comme pour la bouder,
Se couche lorsqu'elle se lève.

Bien que le genre soit banal,
Ce soir, Clara, je me sens homme
A vous tourner un madrigal.
Tenez, vous voyez cette pomme ?
Eh bien, grâce aux charmes si doux
Dont votre personne est ornée,
De l'aveu de chacun de nous
Adam l'aurait prise de vous,
Et Pâris vous l'aurait donnée.

Est-ce toujours pour leur plaisir
Que les riches donnent des fêtes ?
J'y verrais plutôt le désir
D'éblouir quelques gens honnêtes.
Ces salons brillants dont les feux
Illuminent chaque fenêtre,
Ne sont presque jamais pour eux
Des occasions d'être heureux,
Mais seulement de le paraître.

Qui ne fait de riants projets
Pendant sa saison printanière ?...
On rêve villas et chalets
Pour y clore en paix sa carrière.
On construit enfin ce séjour;
Argent et soins, tout s'y concentre;
On l'embellit avec amour,
Puis, d'en jouir quand vient le jour,
C'est la Mort qui la première entre.

Quand je sens le poids de mes ans
Il m'importe peu qu'on me plaigne,
J'ai des soucis bien plus cuisants
Au sujet d'un mot de Montaigne.
Ce qu'on dit des rigueurs du Sort
N'est pas pour lui « *vérité vraye* »;
Il trouve qu'on l'accuse à tort :
« Je ne redoute pas la mort,
Dit-il, *le mourir* seul m'effraye. »

Homme, à mes yeux, ton plus grand tort
C'est qu'à peine jeté sur terre,
Tu veux disserter sur la mort,
Redoutable et sombre mystère.
Veux-tu qu'écartant les propos
D'une vaine philosophie
Ici je t'éclaire en deux mots?...
La mort, c'est l'éternel repos,
Qu'un instant a troublé la vie.

La foi, nous dit-on, rend heureux ;
Mais est-ce un bonheur que j'envie ?
Oh ! non ; je le laisse au peureux
Que préoccupe une autre vie.
J'aime le vrai, lui seul m'est cher,
Et (je m'en fais honneur et gloire)
Dans le but de m'en rapprocher,
Pour l'orgueil viril de chercher
J'ai vendu mon bonheur de croire.

Laissons notre esprit sommeiller.
Les sciences sont imparfaites,
Et le doute est un oreiller
Fort bon pour les têtes bien faites.
Que nous sert de toujours scruter
Dieu, la nature et son cortége ?
Mieux vaut à propos s'arrêter,
Et se borner à répéter
Le mot de Montaigne : que sais-je ?

Gens sensés, voulez-vous apprendre
Où va l'homme après le trépas ?
Ce n'est ni *là-haut* ni *là-bas*.
Je m'explique, veuillez m'entendre :
Si puissant que soit le ressort
Qui tient l'âme au corps asservie,
Victime ou favori du Sort,
L'homme devient après la mort...
Ce qu'il était avant la vie.

« Savants, malgré tous vos discours,
La force qui créa le monde
Confond et confondra toujours
La science la plus profonde.
Pour moi, j'ai mis depuis longtemps,
Par heureuse et suprême grâce,
Mon *Credo* dans les mots suivants :
« Dieu, c'est l'infini dans le temps,
» Le ciel, l'infini dans l'espace. »

Lorsque mon esprit attristé
Se promène à travers l'histoire,
J'y vois l'univers dévasté,
Des jeux sanglants et peu de gloire.
Si ce n'est pas toujours le bien
Qui guide la nature humaine,
Si la vertu meurt sans soutien,
Quel sens a donc l'adage ancien :
L'homme s'agite et Dieu le mène ?

Par ses passions emporté,
L'homme aux combats cherche la gloire;
Mais l'ami de l'humanité
Voit un deuil dans chaque victoire.
Ah ! puisses-tu bientôt finir,
Règne homicide des épées !...
Qui donc oserait soutenir
Qu'on ne verra jamais venir
Le règne fécond des idées?

VI

IMPRESSIONS DE VOYAGE

IV

IMPRESSIONS DE VOYAGE

IMPRESSIONS DE VOYAGE

Qui mores hominum multorum vidit et urbes.
(Horace.)

IMPRESSIONS DE VOYAGE

Chaque jour emboîter le pas
Sur le badaud qui me précède,
Voir mille objets dont je suis las,
Ce soin monotome m'excède.
Parlez-moi de l'inattendu !
En émotions il abonde :
Pour l'esprit par l'ennui mordu
Et dans les noirs pensers perdu,
C'est le plus vif plaisir du monde.

Voyager est, à mon avis,
Un des grands bonheurs de la vie ;
J'aime fort à voir des pays,
Du nouveau j'ai la nostalgie.
C'est, dans mon arrière-saison,
Manquer tant soit peu de sagesse,
Et courir vraiment sans raison,
Puisque les voyages, dit-on,
Forment l'esprit de la jeunesse.

S'expatrier pour quelques jours,
Du riche oisif c'est la manie.
Quant aux voyages de long cours,
Ils sont plus qu'une fantaisie.
Il faut, si l'on se livre aux flots,
Laisser le confortable à terre,
Et, se pliant à tous les maux,
Prendre pour devise ces mots :
A la guerre comme à la guerre !

Si c'est une erreur de songer
Aux douceurs d'une fine table,
Rien n'empêche au moins d'exiger
Un simple et décent confortable.
Pour moi, j'admire tour à tour
Ruines, palais, site agreste;
Mais lorsque vient la fin du jour,
J'aime à trouver, à mon retour,
Bon souper, bon gîte et le reste.

Quand on part, que prendre avec soi?
C'est toujours une grosse affaire;
Souvent, sans trop savoir pourquoi,
C'est ceci, cela qu'on préfère.
Touriste intrépide, emporté
Par la passion des voyages,
Crois-moi, la curiosité
Est encore, tout bien compté,
Le plus utile des bagages.

En voyage l'on est souvent
Embarrassé pour la monnaie,
Mais j'en sais une qui vraiment
Vaut bien la peine qu'on l'essaie.
Frappée avec les meilleurs coins,
Offerte avec délicatesse,
C'est celle qui coûte le moins
Et produit le plus néanmoins,
C'est, en un mot, la politesse.

Or, quand je partis, un matin,
Des Pharaons pour voir la terre,
Confiant dans mon pied marin,
Je disais : « Vogue la galère ! »
Mais plus tard, le gros temps venu,
Quand des flots je vis la colère,
Je m'écriai, triste, éperdu :
« Ah ! triple sot ! mais qu'allais-tu
Donc faire dans cette galère ? »

En vérité, je vous le dis,
Je viens de voir bien des merveilles,
Et jamais vos regards surpris
N'en ont contemplé de pareilles.
J'ai vu le Sphinx au nez camus,
J'ai vu Pharaon dans sa crypte...
Mais je n'ajoute rien de plus,
Car chacun va crier : « Motus !
A beau mentir qui vient... d'Égypte. »

Parlons avec sincérité :
Quand on est près des Pyramides
Un petit grain de vanité
Gagne les cœurs les plus timides.
Aussi, lorsque bêtes et gens
Du Sphinx eurent atteint le temple :
« Songez, criai-je aux deux géants,
Que du haut de mes cinquante ans,
Un demi-siècle vous contemple ! »

J'ai vu pourtant, non sans fierté,
A Suez un travail d'Alcides,
Qui, par sa grandeur, sa beauté,
Dépassera les Pyramides.
Œuvre d'audace et de progrès,
Il rend tout un monde accessible,
Et confirme par son succès
Ce dicton si vrai, si français :
A cœur vaillant rien d'impossible.

Après un fâcheux accident
Que m'avait causé ma monture,
Tout meurtri, maussade et grondant,
A Jaffa j'arrive en droiture.
Je pense à sa peste un instant,
Mon âme en est tout attendrie ;
Mais ce n'est pas inquiétant :
Je quitte Jaffa bien portant
Sur l'air : « Partant pour la Syrie. »

De tous les dons du ciel comblé,
Ce paradis de la nature,
Par le musulman accablé
Lui sert aujourd'hui de pâture.
Maintes fois le fer et le feu
Ont montré là ce que nous sommes ;
C'est, à vrai dire, un triste lieu :
Tous ses biens lui viennent de Dieu,
Tous ses maux lui viennent des hommes.

Fils des croisés, j'ai voulu voir
La Jérusalem délivrée...
De la foule qu'un saint devoir
Conduit dans la cité sacrée.
La Pâque eût touché vivement
Un croyant, un fidèle apôtre ;
La foi n'est pas mon élément,
Je crains le bruit : voilà comment
Ce qui duit à l'un nuit à l'autre.

Peut-être n'est-ce pas nouveau;
Mais on m'a dit en Arabie
Que Dieu, quand il fit le chameau,
Songeait au désert... de la vie.
Traitons donc toujours avec soin
L'intéressante créature ;
Ne nous en servons qu'au besoin,
Car lorsqu'on veut voyager loin,
Il faut ménager sa monture.

Au bey de Tunis présenté,
Le prince, après mon audience,
Dit : « La croix il a mérité, »
Et donne un ordre en conséquence.
Le kasnadar, homme brutal,
Sur le vœu du bey se fourvoie
Et commande aussitôt le pal;
Mais j'ai plus de peur que de mal,
Et c'est le Nichan qu'on m'envoie.

Pour Cérès oubliant Isis,
Seul, à pied, je me détermine
A pousser, non loin d'Eleusis,
Jusqu'au golfe de Salamine.
Au retour, en eau, haletant,
Je trouvai la course un peu roide;
Je n'en ferais plus certe autant;
L'Attique est bien belle pourtant,
Mais chat échaudé craint l'eau froide.

Rien ne ralentit mon ardeur
De touriste un peu monomane,
Et je tiens à voir la splendeur
De l'altière Porte Ottomane.
Au pied du harem des vizirs
Voilà mon esprit qui s'emporte;
Mais en dépit de mes désirs,
J'ai dû borner tous mes plaisirs
Aux bagatelles de la porte.

Pour adoucir mon désespoir
Le sultan m'offre un jour l'office
De chef de ses ennuques noirs,
Au prix... d'un léger sacrifice.
Abdul-Aziz était bien bon,
Car le poste est fort honorable,
Et j'eus quelque tentation ;
Pourtant, après réflexion,
Je déclinai cette offre aimable.

Mais ici je baisse la voix
Pour parler avec modestie
Du ruban, bien mieux ! de la croix
Que le sultan m'a départie.
Rubans et croix sont des joujoux,
Je ne prétends pas vous l'apprendre ;
Mais ils charment sages et fous,
Et quand on en prend, entre nous,
On n'en saurait jamais trop prendre.

Sous les murs de Sébastopol
Mon chauvinisme se réveille,
Et de punch je vide un grand bol
A notre valeur sans pareille.
Malakoff, je t'ai vu de près.
Rempart altier, inaccessible,
Maintenant du moins, tu le sais,
De tous les lexiques français
Est banni le mot *impossible*.

« Oui, je t'adore, et pour toujours,
Disais-je en France à ma Charlotte;
Avant la fin de nos amours
Les poules porteront la hotte. »
Mais le diable, hélas! m'a tenté,
Et, sans que je m'en aperçusse,
Un soir que j'étais en gaîté,
A Saint-Pétersbourg j'ai goûté...
— De quoi ? — D'une Charlotte... russe.

On dit : « Voir Naples, puis mourir ; »
Mais c'est un assez sot adage ;
Mieux vaut prolonger que finir
Son terrestre pèlerinage.
Quand j'arrête mes yeux ravis
Sur ce beau golfe qui m'enivre,
J'oublie ennuis, tracas, soucis ;
Je me crois en plein paradis,
Et je dis : « Voir Naples, puis vivre ! »

Mais pourquoi faut-il qu'un pays
Où tout charme, séduit, caresse,
N'offre aux touristes ébahis
Que misère, orgueil et bassesse !
On n'y voit que gens pervertis,
Que vices irrémédiables,
C'est un repaire de bandits,
Et ce séduisant paradis
N'est habité que par des diables.

Nice est un ravissant séjour,
Un baume pour toutes les crises;
On y voit la ville et la cour
S'enivrer de ses douces brises.
Mais le touriste rançonné
Chaque jour par les indigènes,
A peine le mois terminé,
Découvre un soir tout étonné
Qu'il est près de l'état de *Gênes*.

Dans un jour de distraction,
Le saint-père à Rome m'avise,
Puis à sa bénédiction
Joint une croix et sa devise.
Vous jugez si je suis content,
Vers mon salut c'est une étape;
Je la porte, cela s'entend,
Car j'en suis tout fier, et pourtant
Je ne suis pas soldat du pape.

Catholique et luthérien,
Le Danube aux eaux vagabondes
Finit par n'être plus chrétien.
Lorsque l'Euxin reçoit ses ondes.
Calme au sein des divisions
Que partout il a rencontrées,
Ce rempart de vingt nations
Voit autant de religions
Qu'il a parcouru de contrées.

A Pesth, j'aborde une beauté ;
Mais au début de ma harangue
Je me vois soudain arrêté,
Car elle ne sait pas ma langue.
Elle répond, je n'entends pas ;
Je veux parler, elle soupire.
Pour des amants quel embarras !
Heureusement, en certains cas,
On sait ce que parler veut dire.

Pour parer un peu mes croquis,
En quête de jolis visages,
Aux belles de tous les pays
J'ai dû présenter mes hommages.
Entre nous, il m'a bien fallu
Subir mainte beauté grivoise,
Mais de m'arrêter résolu,
A Munich même j'ai voulu
Finir par une Bavaroise.

A Cologne j'arrive enfin ;
Je vois sa belle cathédrale,
Ses palais que baigne le Rhin,
Et sa flèche pyramidale.
Mais ici la pluie a trompé
Mon ardeur, et lors sans vergogne,
Par un vrai déluge trempé,
Je me suis bien vite échappé
En maudissant l'eau... de Cologne.

Plus tard, saisi d'un autre accès,
Je tiens à voir l'Andalousie,
Dût mon chauvinisme français
En prendre quelque jalousie.
Mais je cherche en vain les palais
De ce faux pays de cocagne :
Les champs sont déserts, les gens laids...
Ah! gardons-nous bien de jamais
Bâtir des châteaux en Espagne !

J'aime en amour le sentiment.
En France c'est une utopie ;
Peut-être en est-il autrement
Dans la poétique Helvétie.
J'y cours en dépit des railleurs,
Et je constate avec tristesse
Qu'il en est là tout comme ailleurs :
Les hommes n'y sont pas meilleurs,
Et pas d'argent pas de Suiss... esse.

« Et Berlin? diront quelques voix,
N'auriez-vous pas vu cette ville ? »
— Non vraiment : on peut bien parfois
Se montrer un peu difficile.
En cent lieux j'ai porté mes pas,
J'ai vu le Grec, le Turc, le Russe,
Mais Berlin offre peu d'appas,
Et, franchement, je ne veux pas
Voyager pour le roi de Prusse.

Trop bien lancé pour m'arrêter
Au seuil de la machine ronde,
J'aurais bien voulu visiter
Ce qu'on nomme le Nouveau-Monde.
Mais l'âge pèse sur mes reins,
Je n'ai plus l'ardeur de l'apôtre,
Ni le jarret des pèlerins;
En fait de monde, je le crains
Je n'irai jamais voir que... l'autre.

Le jour d'un départ est riant
Comme une pure et fraîche aurore ;
Mais quels tracas, en attendant
Un retour bien plus doux encore !
Revoir des amis fait du bien,
Sur ses maux on passe l'éponge,
Les plus grands ennuis ne sont rien,
Car tout est bien qui finit bien,
Et puis, mal passé n'est qu'un songe.

De nos jours c'est presque un devoir
De parcourir un peu le monde :
On sort, sans s'en apercevoir,
De son ignorance profonde.
Mais on ne fuit pas sans danger
Le sol où l'on reçut la vie ;
Et l'on se prend vite à songer
Que plus on a vu l'étranger,
Plus on adore sa patrie.

On me dit : « Toi de qui l'ardeur
A foulé vingt champs de victoire,
Réponds, honnête voyageur,
Que faut-il penser de l'Histoire ?
— L'Histoire ? C'est l'œuvre des rois
Sacrifiant tout à leur gloire;
C'est l'oubli des plus saintes lois;
Heureux donc, heureux mille fois
Les peuples qui n'ont pas d'histoire ! »

VII

L'AMOUR

L'AMOUR

....Veteris vestigia flammæ.
(VIRG.)

Amour, fléau du monde, exécrable folie...
(A. DE MUSSET.)

L'AMOUR

Et d'abord, qu'est-ce que l'amour ?
L'amour ? mais c'est, en propres termes,
Quand on s'est fait un peu la cour,
Le contact de deux épidermes.
« — Oh! fi, monsieur, vous proférez
De bien vilaines hérésies ;
Les feux de l'amour sont sacrés.
— Soit ; c'est, si vous le préférez,
L'échange de deux fantaisies. »

Ce mot est-il encor trop dur ?
Pour adoucir un peu la chose
Et me faire entendre à coup sûr,
Voici ce que je vous propose :
L'amour, c'est la valse à deux temps :
On s'invite, on se met en place ;
On est ravi quelques instants,
On se quitte tout haletants,
Bref, on s'enlace et l'on s'en lasse.

Arbitre des cœurs sur la terre,
L'amour qui nous fait tous plier
Présente un trait particulier
Sur lequel je ne puis me taire :
Cause de mille emportements,
Qu'il nous ravisse ou nous désole,
C'est le seul de nos sentiments
Qui, dans la joie ou les tourments,
Ne fait pas mentir l'hyperbole.

Voyez deux amants bien épris :
Ils brûlent de la même flamme ;
Le monde à leurs yeux est sans prix ;
Ils n'ont plus qu'un cœur et qu'une âme.
L'amour, c'est l'égoïsme à deux ;
Air connu : Je t'aime ! tu m'aimes ?...
Interrogez les amoureux,
Si d'être ensemble ils sont heureux,
C'est qu'ils parlent toujours d'eux-mêmes.

« Chassez l'amour de votre cœur,
S'écrie un fou qui se croit sage ;
Il traîne après lui la douleur,
Le regret l'attend au passage. »
— Que c'est mal connaître l'amour !
Parlez pour vous, âme rebelle.
Il vaut mieux, dirai-je à mon tour,
Être aimé d'une femme un jour
Qu'être cent ans estimé d'elle.

Un mot de madame Roland, —
Il n'est peut-être pas galant,
Mais il peint cette noble femme
En qui la raison guidait l'âme :
« Si, dans un moment malheureux,
L'amour que sans crainte j'affronte
Me prenait jamais par les yeux,
Avant de céder à ses vœux,
Je crois que je mourrais de honte. »

S y tromper serait imprudent :
L amour est toujours vif, ardent;
Il charme, il ravit, il enivre,
Et c'est là ce qui le fait vivre.
Le cœur est prompt à s'enflammer ;
Mais peut-on dire encor qu'on aime
Lorsqu'il commence à se calmer ?...
Aimer moins c'est ne plus aimer :
L'amour est toujours un extrême.

L'AMOUR.

Jeune homme, quand tu fais ta cour,
Mets tous tes soins à faire usage
Des plus jolis propos d'amour ;
Des amoureux c'est le bagage.
Garde-toi bien de te hâter ;
Que ta voix, toujours douce et tendre,
Gagne le cœur sans l'irriter :
C'est en se faisant écouter
Qu'on parvient à se faire entendre.

L'amour n'est pas toujours loyal ;
Mais s'il est vrai qu'il perdit Troie,
Qui pourrait en dire du mal
Quand ses transports font notre joie ?
Il joint à la douceur du miel
Une chaleur qui nous enflamme.
Avec lui, le monde réel
Se transforme en un coin du ciel :
L'amour, c'est le soleil de l'âme.

De la femme, à tous les degrés,
Faites un examen sommaire,
Chez toutes vous rencontrerez
Un même désir : c'est de plaire.
Être belle, attirer, charmer,
Pour elle est le bonheur suprême ;
La plus rebelle à s'enflammer
Pourra bien s'étonner d'aimer,
Mais jamais d'apprendre qu'on l'aime.

Sans scrupule, amis, jouissons
Des dons heureux de la jeunesse.
Au diable les censeurs ! Laissons
La prévoyance à la vieillesse.
Qui vient me parler des vieux ans
Quand l'heure présente m'enivre !
Que l'amour ait tous nos instants :
Nouvel amour, nouveau printemps,
Et le printemps nous fait revivre !

Pour peu qu'on ait jamais aimé,
Sur les femmes comment se taire ?
Leur cœur est un livre fermé
Sur lequel est écrit : Mystère.
Quels sentiments les guideront ?
De l'ombre fidèles images,
Suivez-les, elles vous fuiront,
Fuyez-les, elles vous suivront...
C'est à désespérer les sages !

Voyez-vous ces deux amoureux
Assis là-bas sous cet ombrage ?
L'univers n'est plus rien pour eux,
Ils sont tout à leur doux ramage.
Dédaignant châteaux et palais,
Contents du plus petit espace,
Une hutte, un taillis épais,
Suffisent à tous leurs souhaits :
Le bonheur tient si peu de place !

Lorsque les premiers mots d'amour
Vont chercher le cœur d'une belle,
Ne nous flattons pas trop qu'un jour
Nos soins sauront triompher d'elle.
Ce premier appel au bonheur
N'émeut pas tout d'abord les âmes;
Il les étonne, et le semeur
N'est pas toujours le moissonneur,
Quand il s'agit du cœur des femmes.

Les femmes nous trompant toujours,
Pour rompre avec une maîtresse,
Un de mes amis a recours
A ce fort joli tour d'adresse.
Ennemi de l'éclat, du bruit,
Il écrit sans fiel, sans tapage :
« Je sais tout ! » Ce mot seul suffit;
La belle, le tenant pour dit,
N'en demande pas davantage.

De l'amour faisons le procès.
Assez de muses saugrenues
Chantent sa gloire, ses succès,
Et le portent jusques aux nues.
Comme source de vrai bonheur
Il trompe toujours notre attente ;
Pour moi, je préfère sa sœur :
L'amitié bâtit dans le cœur,
L'amour n'y dresse qu'une tente.

Molière a dit excellemment
Que les verrous, les hautes grilles,
Garantissent bien faiblement
L'honneur et la vertu des filles.
Veillez sur elles nuit et jour,
Pour un temps vous en êtes maître ;
Mais Cupidon sait plus d'un tour :
Par la porte chassez l'amour,
Il reviendra par la fenêtre.

Philosophes aux beaux discours,
Convenez-en, penseurs austères,
La femme est et sera toujours
Le plus étrange des mystères.
« Source de maux et de bonheur,
Toi, qu'on redoute et qu'on adore,
Toi, qui ravis et qui fais peur,
Dis-nous, femme, qu'est donc ton cœur?
— Mon cœur? la boîte de Pandore. »

Précieuse est la paix du cœur.
Mais l'homme, que l'amour enflamme,
Tout entier à sa folle ardeur,
Perd bientôt le calme de l'âme.
Sans repos, passant tour à tour
Des soupçons jaloux à l'ivresse,
« Ah! répète-t-il chaque jour,
Le premier soupir de l'amour
Est le dernier de la sagesse. »

Songeant à ses premiers amants,
Une beauté, jadis fameuse,
Disait : « Ah! c'était le bon temps,
J'étais alors bien malheureuse ! »
Oui ; tout est fleurs, tout est zéphirs
Lorsque l'amour bout dans nos veines ;
Il comble à ce point les désirs
Que la plupart de nos plaisirs
Sont bien loin de valoir ses peines.

Bien qu'aimant assez à gloser
Sur l'amour et sur ses faiblesses,
Je tiens à ne pas m'exposer
A ses colères vengeresses.
Je m'incline devant l'amour,
En lui je reconnais un maître,
Et je confesse sans détour
Que pour les mortels, tour à tour,
Il l'est, le fut, ou le doit être.

Eh quoi ! je plaisante et je fronde,
Quand je devrais me souvenir
Que bientôt mon jour va venir
De quitter la scène du monde !
Mon cœur n'a plus rien à rêver,
Plus rien qui ravive sa flamme ;
Vers le terme près d'arriver,
La Muse m'aide à retrouver
Dans le repos la paix de l'âme.

VIII

JOYEUSETEZ

JOYEUSETEZ

> Misce consiliis stultitiam brevem ;
> Dulce est desipere in loco.
> (HORACE.)
>
> C'est ignorer le goût du peuple que de ne pas hasarder quelquefois de grandes fadaises.
> (LA BRUYÈRE.)

JOYEUSETEZ

Je suis ce soir en belle humeur :
Du ton grave j'ai fait litière,
Je veux, en tout bien, tout honneur,
A mes propos donner carrière.
Je vais donc me déboutonner...
Si vous voulez bien le permettre ;
Mais n'allez pas vous chagriner ;
J'ai mon excuse : après dîner,
Dans le plat les pieds on peut mettre.

Une dame un jour se baignait
Dans le courant d'une rivière ;
Un chasseur près de là tirait
Sans ménager sa poudrière.
« Monsieur, dit la dame en courroux,
Ce fusil me met au martyre ;
De grâce, ailleurs portez vos coups.
— Eh ! madame, rassurez-vous,
C'est sur les culs-blancs que je tire. »

J'apprends que le Gouvernement
Depuis quelque temps s'évertue
A restaurer pieusement
Du pauvre Abélard la statue.
Certes, c'est agir noblement ;
La pensée est louable et juste,
Car Abélard était charmant ;
Mais ce trop platonique amant
Ne devrait être fait... qu'en buste.

« Votre offre est pour moi sans valeur,
Écrivait Lolotte à Narcisse ;
Qu'ai-je à faire de votre cœur ?
Mon cher, pas d'argent, pas de Suisse. »
Ce billet était fort sensé ;
Mais son auteur, naïve fille,
Dans l'orthographe peu versé,
Commençant Suisse par un C,
Avait oublié la cédille.

« Alfred ne viendra pas ce soir,
Madame ; il soigne un camarade.
— Cher enfant ! et peut-on savoir
Ce qui rend son ami malade ?
— Quant à cela, madame, non.
— Non ? oh ! ce refus-là m'irrite !
— Eh bien, c'est une affection
Dont on ne dit jamais le nom,
A moins qu'elle ne soit... petite. »

Un juge était sourd, peu capable.
« Quand crèves-tu, vieil animal ? »
Lui dit un jour, au tribunal,
Le président d'un air aimable.
Croyant à quelque compliment,
Le sourd, plein d'une joie extrême,
Reprit aussitôt poliment :
« Merci, monsieur le président,
Vous êtes bien bon, et vous-même ? »

Si les libertés politiques
Sont à mes yeux du plus haut prix,
Je ne suis guère moins épris
D'autres libertés plus... pratiques,
Et quoi qu'en disent les Traités,
Où se traduit et se concentre
L'ardeur de quelques exaltés,
La meilleure des libertés
Est encore celle... du ventre.

« Malgré ce que vous m'avez dit,
Plaignante, il n'est guère probable
Que cet homme, faible et petit,
Sur vous d'un viol soit coupable.
— Rien n'est plus vrai ; voici comment :
Contre une porte il m'a poussée ;
J'ai bien résisté ; mais voyant
Tous ses efforts et son tourment,
Je me suis... tant soit peu baissée. »

« A force d'amour, de bontés,
Je veux, me dit un jour Clémence,
Refaire ma virginité,
Et c'est un noble but, je pense.
— Je ne sais, repris-je, jusqu'où
Peut vous mener cette entreprise ;
Mais, dût-on me rompre le cou,
Je maintiens qu'à côté du trou
C'est vouloir faire une reprise. »

Un élégant du meilleur ton
Venait de quitter sa maîtresse.
« Que vous faut-il donc ? disait-on,
Quelque Vestale, une déesse ?
— Eh bien, fit-il, plus de secrets :
Je ne veux ni Vénus ni vierges ;
Ma maîtresse avait mille attraits,
L'amour se lisait dans ses traits,
Mais... elle mangeait des asperges ! »

Amis, retenez bien cela :
La plus belle fille du monde
Ne peut donner que ce qu'elle a,
Qu'elle soit rousse, brune ou blonde.
Je m'en suis fort bien aperçu
Certain jour que j'eus la sottise
De faire un dîner trop cossu,
Et qu'un peu gris je n ai pas su
Me défier de la payse.

« Eh quoi ! mon gendre, y pensez-vous ?
Vous commettre avec ma servante,
Quand l'hymen met à vos genoux
Ma fille, une femme charmante !
— Mon beau-papa, criez moins fort ;
Je vois quelle erreur est la vôtre ;
Votre enfant ne souffre aucun tort,
Je sers ma femme tout d'abord ;
Mais l'une n'empêche pas l'autre.

C'est parfois un fardeau bien lourd
Que les ardeurs de la jeunesse ;
Mais chacun peut y couper court
Sans avoir à lutter sans cesse.
Nous connaissons, tous, les moyens
Qui, chez les Perses et les Mèdes,
Aux harems donnaient des gardiens...
C'est héroïque, j'en conviens,
Mais aux grands maux les grands remèdes.

Victime d'un enlèvement
Julie a passé la semaine
Dans la chambre de son amant,
Et ses parents sont fort en peine.
Rien toutefois, — rien d'important, —
N'a terni son nom ni sa gloire;
C'est du moins ce qu'elle prétend.
Je ne dis pas non, et pourtant
Je voudrais le voir pour le croire.

Un vieux marquis encor galant
Serrait de près certaine dame;
Et lui peignait d'un ton brûlant
L'incroyable ardeur de sa flamme.
Or la belle à l'œil clairvoyant
Savait ce qu'il en fallait prendre :
« Tout doux ! lui dit-elle en riant;
Marquis, ne me pressez pas tant,
Ou, gare à vous ! je vais me rendre. »

« Habile expert, fin connaisseur,
Dis-moi, que penser d'une fille
Dont le regard provocateur
Vous perce au cœur comme une vrille?
— Cher, un héros de Paul de Kock
Tout comme moi pourrait répondre,
Et te dirait en style *ad hoc :*
« Quand la poule attaque le coq,
Elle ne tarde pas à pondre. »

Margotton pleurait tous les jours
Son mari, fameux montreur d'ours,
A demi mangé par sa bête,
Dans une foire, un jour de fête.
« Je suis, me disait-elle, à bout,
Sans le sou, vivant Dieu sait comme.
— Et l'ours, est-il encor debout?
— Hélas ! mon bon monsieur, c'est tout
Ce qui me reste du pauvre homme. »

« Vraiment, Clara, je m'émerveille
De te voir ainsi supporter
Un gars qui ne fait que *piper*
Dans une machine pareille.
— Bah! d'abord cela m'a fait peur,
Et j'en étais fort dégoûtée;
Mais après quelques maux de cœur,
Je me suis faite à cette odeur
Et suis maintenant... culottée. »

Un ami me vantait un jour
Certaine galante prouesse
Où l'avait entraîné l'amour.
« De grâce, lui dit sa déesse,
Ne soyez pas si fier, Léon;
L'affaire n'était pas bien rude;
Qui se vante d'une action
Donne aussitôt l'opinion
Que ce n'est pas son habitude.

« Mère, arrêtons-nous à ce hêtre ;
Ce bois est, dit-on, plein de loups ;
Jésus ! que deviendrions-nous
Si l'un d'eux venait à paraître ?
— Ta mère entre vous se mettrait,
Ne crains donc rien, chère petite.
— Ah ! oui, cela l'arrêterait,
Et, pendant qu'il te mangerait,
Je pourrais me sauver bien vite. »

« Tu négliges bien tes cheveux,
Prends donc ma pommade, ma chère,
Ce cosmétique doux, onctueux
Est d'un emploi très-salutaire.
— Merci, maman, je n'aime pas
Tous ces produits que tu consommes,
Et puis, vois-tu bien, ces corps gras,
Je le dis entre nous, tout bas,
Ça... salit les gilets des hommes. »

« Non, non ! plus d'amants ni d'amours,
S'écriait Suzon consternée ;
Ma taille épaissit tous les jours,
Me voilà, ma foi, bien tournée !
— Eh ! Suzon, le bel accident,
Pour que ton esprit s'y concentre !
Calme-toi, cherche un autre amant :
Est-ce avec ce minois charmant
Qu'on peut bouder contre son ventre ? »

Marc est un amusant conteur,
Mais n'en croyez pas ses paroles ;
Car cet aimable narrateur
Abuse un peu des hyperboles.
Dans ses récits tout s'embellit :
Bien qu'il n'ait pas la particule,
C'est saint Louis qui l'anoblit,
Et même un jour il accomplit...
Le treizième travail d'Hercule

« Ah ! Clara, que nous ferions bien
D'envoyer les hommes au diable !
Pour moi, le meilleur n'en vaut rien.
Tu ris ? Rien n'est plus véritable.
— Oui, je ris de ce grand courroux
Qui t'en fait dire pis que pendre.
Mieux vaut les mettre à nos genoux ;
Voyons, où donc en serions-nous
Si le diable allait tous les prendre ? »

« En vérité, c'est une horreur !
De votre alcôve, Eléonore,
Enlevez au moins par pudeur,
L'objet sacré qui la décore.
— Mon alcôve ? Oh ! monsieur, tout beau !
Les jours où mon heureuse étoile
Y conduit un époux nouveau,
J'ai grand soin qu'un épais rideau
Sur mon crucifix jette un voile. »

« De grâce, roi des étourdis,
Soigne donc un peu ton langage ;
Par Vaugelas ! ce que tu dis
De fautes n'est qu'un assemblage.
— Soit ; mais tu vas être attrapé,
Beau puriste à l'humeur revêche.
Sais-tu, grammairien grippé,
Le féminin de canapé ?...
— Non. — Eh, parbleu, c'est *canne à pêche.* »

Jésus, aux noces de Cana,
D'un souffle changea des eaux vives
En vin, et soudain ramena
La gaîté parmi les convives.
Mais le plus fort, c'est que ce vin
Était exempt de tout mélange.
Per Bacco ! dirait mon voisin,
Grand amateur du jus divin,
Ce souffle là sent les *vents d'anges.*

« Qu'as-tu donc ce soir, ma beauté ?
Je crois que tu me fais la mine, »
Disait un beau fort dévasté
A sa brune d'humeur badine.
« — Mais, en vérité, je ne sais,
Lui répondit-elle sur l'heure,
D'où te vient cet étrange accès ?
Mon cher, si je te la faisais,
Crois bien que tu l'aurais meilleure. »

Parfois, en quête d'un dicton,
Je fais appel à ma voisine,
Et là, sans quitter le bon ton,
On cause, on plaisante, on badine.
Un soir, dans nos menus propos,
« Savez-vous quel est, me dit-elle,
Quand le ciel se fond tout en eaux,
Le plus dangereux des chevaux ?...
Eh bien, c'est un cheval de *selle*. »

Un jour, devant trois jeunes fous
Passait une charmante fille;
A cet aspect les voilà tous
Hors des gonds, et chacun babille.
Pour finir, le plus sage dit :
« Messieurs, je crains fort les blessures;
Mais si les puces de mon lit
Étaient d'un pareil acabit,
Je n'en craindrais pas les morsures. »

Toujours affligé, quand on rit
Des choses les plus salutaires,
Je proteste quand on médit
De nos bons vieux apothicaires.
A-t-on des humeurs à noyer,
A leur appareil rien n'échappe;
Bien sot qui n'en veut essayer :
Rien de tel pour tout balayer
Que le pistolet d'Esculape.

Une femme allait trottinant ;
Un petit gars, vif, l'œil en flamme,
La suivait. Séduit par l'enfant,
Je m'approche et dis à la dame :
« Est-ce à vous, ce bel écolier,
Si droit, si fier malgré son âge,
Qu'on croirait voir un grenadier ?
— Oui, monsieur, et c'est mon dernier.
— Le dernier ? Ce serait dommage ! »

« Dieu vous garde du bon marché !
En tout, craignez la camelotte, » —
Est un distique détaché
De mon album, me dit Charlotte.
— Oui, mais ton luxe, au premier jour,
Va me jeter dans la débine !...
— Nigaud ! tiens, parlons sans détour :
En affaires comme en amour,
C'est le bon marché qui ruine. »

« Jean, comment va l'instituteur
Depuis sa redoutable crise ?
— Oh ! mon Dieu ! monsieur le docteur,
Il vient de partir pour l'église.
— Pour l'église ? Ah ! le triple sot ! »
Reprend l'Hippocrate en colère.
Puis il y court tout aussitôt
Pour gronder l'imprudent dévot,
Et l'y trouve... mais dans sa bière.

Les taillis, les vallons ombreux,
Offrent à nos sens mille charmes ;
Mais leur séjour est dangereux
Et coûte parfois bien des larmes.
Filles de bergers ou de rois,
Tendres et frais boutons de rose,
Croyez-moi, n'allez point aux bois ;
On y va deux, on revient trois,
Et toujours on perd quelque chose

« Voyons, écueil de la vertu,
Toi, qui trouves peu de cruelles,
Sans argent comment donc fais-tu
Pour triompher ainsi des belles?
— Eh! mon cher, d'abord je promets
Pas mal de pain, beaucoup de beurre,
Et puis, après quelques délais,
Je file quand de Rabelais
Arrive le fatal quart d'heure. »

Un disciple de Savarin,
Très-ferré sur l'art de bien vivre,
Blâmait un jour son vieux voisin
De boire alors qu'il était ivre.
« Calmez-vous, monsieur le gourmand,
Reprit l'émule de Grégoire,
Et sachez bien que, si souvent
L'appétit vous vient en mangeant,
Rien n'altère comme de boire. »

« Mon Dieu ! disait Clarisse au bal,
Mère, une puce me harcèle !
— Une puce ? Oh ! l'horrible mal !
Mais, dis, ma fille, où donc est-elle ?
— Elle est... Je n'oserai jamais
Nommer une place pareille ;
Mais Jésus ! si je le pouvais,
Croyez, maman, que j'aimerais
Beaucoup mieux l'avoir à l'oreille. »

« La belle, où cours-tu donc ce soir
Avec ce joli chapeau rose,
Tu vas et viens sur ce trottoir,
Et sembles chercher quelque chose ?
— Mon cher, un soulier trop étroit
M'a fait hier une blessure
(Mon bottier n'est qu'un maladroit) ;
Je cherche, quand le jour décroît,
A mon pied une autre chaussure. »

Victime d'un sot accident,
Arthur, fuyant et brune et blonde,
S'est fait vertueux en perdant
Des amours la source féconde.
Un jour que, pris d'un saint courroux,
Il sermonait la jeune Estelle
Sur le nombre de ses époux,
« Monsieur le renard, tournez-vous,
Et l'on vous répondra, » dit-elle.

« Voyons, quel travestissement
Prendrai-je pour cette soirée ?
Disait un jour à son amant
Une belle fort délurée.
Tous mes soins sont mis en défaut,
Et dès que je viens à paraître
Chacun dit mon nom aussitôt...
— Vrai ? Mais prends donc l'air comme il faut,
On ne pourra te reconnaître. »

J'avais arrêté l'autre jour
Une fille assez bien parée,
Et qui, digne enfant de l'amour,
A l'amour s'était consacrée.
« Vous qui brillez par tant d'appas,
Dis-je, quel nom propre est le vôtre ?
— Ah ! fit-elle avec embarras,
Mon nom propre ?... Je n'en ai pas ;
— Et bien alors, dites-moi... l'autre. »

Un jour, une de ces beautés
Que réprouve le moraliste
Disait à quelques effrontés :
« Très-chers, le célibat m'attriste ;
Je fais retour à la vertu,
On perd à rester vieille fille ;
Mais je veux un mari cossu...
— Cossu ? dit l'un, et comptes-tu
Conserver longtemps la cédille. »

Un banquier trahi par Plutus
Du ballet vit soudain les belles
Devenir pour lui des vertus
Et se sauver à tire-d'ailes.
« Voici le moment de filer,
Dit l'une ; son affaire est cuite ;
Allons ailleurs nous consoler. »
Quand la maison va s'écrouler
On voit les rats prendre la fuite.

Un riche banquier allemand,
A Paris, raconte l'histoire,
Voulait se donner l'agrément
D'une compagne... provisoire.
« Bien, faites l'amour, lui dit-on,
L'amour est ce qui nous complète.
— Fi ! reprit l'opulent Teuton,
Moi faire l'amour ? Pour Dieu non ;
Tout fait, s'il vous plaît, je l'achète. »

Pierre, à la fois chantre et pompier,
Tour à tour porte avec aisance
Le surplis, l'habit de troupier,
Et s'y mire avec complaisance.
De sa large robe, au lutrin,
Il se montre fier les dimanches;
Mais lorsque changeant de refrain,
De pomper il se met en train,
C'est une autre paire de manches.

« Cher ange, calmez votre ardeur,
De grâce, soyez plus discrète;
J'ai fait hier votre bonheur,
Et ce n'est pas tous les jours fête.
— En vérité, bel inhumain,
Curieuse est votre défaite;
D'amour reprenez le chemin.
L'ignorez-vous? sans lendemain
Il n'est jamais de bonne fête. »

Un amant, quelque peu jaloux,
Étant un soir chez sa maîtresse,
Lui reprochait avec courroux
Ses trahisons de toute espèce.
« Ingrat, lui dit-elle à son tour
En se renversant sur sa couche,
Quoi ! tu doutes de mon amour ?
Ne me vois-tu pas chaque jour
Te garder pour la bonne bouche ? »

« Ici-bas point de sot métier ;
L'honneur, disent les courtisanes,
N'existe que sur le papier,
Et vivent les amours profanes !
— J'entends ; mais vendre à tous venants,
Sans aimer, sans désir de plaire,
L'amour à beaux deniers comptants !...
— Laissez donc ! ils sont si contents ;
Tout travail mérite salaire. »

« Ah ! j'en mourrai, disait un jour
Une Ariane délaissée,
Croyez donc encore à l'amour
Pour être ainsi récompensée !
— Là, console-toi, Madelon ;
Il en est, pauvre débutante,
Des hommes comme du melon,
Et pour en rencontrer un bon,
Il faut en essayer cinquante. »

Un de mes amis, fou d'amour,
Abuse un peu de sa maîtresse.
Mon cher, lui dis-je chaque jour,
Calmez donc cette folle ivresse.
Votre belle est pleine d'appas,
De plaisir elle est fort éprise ;
Prenez vaillamment vos ébats,
Mais, que diable ! n'oubliez pas
Qu'à tendre trop l'arc on le brise !

En cours de visites un jour,
Je trouve au lit un camarade :
« Quoi ! lui dis-je, vieux troubadour,
Tu quoque, te voilà malade ?
Ton teint a perdu sa couleur,
Mais il suffit pour la lui rendre
D'un peu d'amour et de chaleur.
— Ah ! reprit-il avec douleur,
L'amour ? merci, je sors d'en prendre. »

IX

ÉPILOGUE

ÉPILOGUE

> ... Peregi
> Quod potui ; veniam da mihi, posteritas.
> (Épitaphe du xvi⁰ siècle.)
>
> Detur scriptori pro pœna pulchra puella.
> (Scribes du moyen âge.)

ÉPILOGUE

I

Je vous dois un aveu complet
Pour une faute sans pareille :
Pour enfiler mon chapelet
J'ai butiné comme l'abeille.
Après tout, pourquoi m'accuser ?
Je prends mon bien où je le trouve.
J'ai cent raisons pour m'excuser,
A quoi bon vous les exposer ?
Qui veut trop prouver rien ne prouve.

II

Si l'un de vous veut m'applaudir,
Je l'aurai certe en grande estime ;
Mais j'aimerais mieux obtenir
Votre assentiment unanime.
Applaudissez sans hésiter,
J'ai, si vos mains me le démontrent,
Un dernier proverbe à citer,
Je croirai devoir attester
Que « les beaux esprits se rencontrent. »

III

Et maintenant, ami lecteur,
Es-tu désireux de connaître
Pourquoi ton humble serviteur
En strophes a voulu paraître ?
Écoute bien : certains esprits
Peu soucieux de leur mémoire
Et spéculant sur leurs écrits
Ne rêvent qu'argent et profits...
Moi, je travaille pour la gloire.

ÉPILOGUE.

Sat prata... je termine ici
Ce pot-pouri grave et frivole;
J'avais dit : *utile dulci*,
J'espère avoir tenu parole.

JOYEUSETÉS

J'avais arrêté l'autre jour
Une fille assez bien parées,
Et qui, digne enfant de l'amour,
A l'amour s'était conservée.
« Vous qui brillez par tant d'appas,
Dis-je, quel nom propre est le vôtre ?
— Ah ! fit-elle avec embarras,
Mon nom propre ?... Je n'en ai pas,
— Et bien alors, dites-moi... l'autre. »

VARIA

❋

Un jour, une de ces beautés
Que réprouve le moraliste
Disait à quelques effrontés :
« Très-chers, le célibat m'attriste
Je fais retour à la vertu,
Ou perd à rester vieille fille,
Mais je veux un mari cossu,
— Cossu ? dit l'un, et comptes-tu
Conserver longtemps la cédille ? »

❋

VARIA

Strata jacent passim sua quæque sub arbore poma.
(VIRGILE.)

VARIA

Le bonheur fuit comme un éclair ;
Bien souvent l'éclat dont il brille
Est suivi d'un retour amer :
Tout fruit porte avec lui son ver
Et toute rose a sa chenille.

On ne peut trop le répéter,
Dût-on paraître monotone :
Tout conseil ne sert qu'à flatter
L'amour-propre de qui le donne.

Qui de nous n'a dit bien souvent :
L'homme propose et Dieu dispose !
C'est parler d'or assurément,
Mais s'y tenir est autre chose.

Vivre seul est triste, dit-on,
Mais qui prend compagnon prend maître.

Comparaison n'est pas raison,
Et c'est pourquoi je me défie
Du bonheur de mainte maison,
Car le meilleur vin a sa lie.

N'espérez jamais conquérir
Mon cœur à la foi conjugale.
Qu'on y trouve peine ou plaisir,
Peu m'importe : je veux mourir
Dans l'impénitence finale.

On prétendra que je radote,
Mais flatter n'est pas mon talent.
Et l'hymen est.... un poison lent,
Auquel la dot sert d'antidote.

Veux-tu gagner le paradis ?
Crois-en ton ancien, jeune frère :
Songe à faire ce que je dis,
Jamais ce que tu me vois faire.

Notre cœur est plein de mystères.
Et n'obéit exactement
Qu'aux seuls intérêts du moment :
Je ne crois pas aux caractères.

L'homme est toujours moins malheureux
Ou moins heureux qu'il l'imagine.

Une gaîté de bon aloi
N'exclut pas un fond de tristesse;
Comme vous je porte avec moi
Un point par où le bât me blesse.

Il vaut mieux courir que tenir :
Le bonheur est dans la poursuite.

Sur le chemin de l'amitié
Ne laissons jamais pousser l'herbe.

Cette terre où tout nous sourit
N'est qu'un immense cimetière ;
Tout y naît, mais tout y périt ;
Les cadavres sont sa litière.

Qu'un capital soit mal placé,
On risque un précieux pécule
Souvent à grand'peine amassé ;
Seul est sûr d'être remboursé
Celui qui prête.... au ridicule.

Fermier, si ton sol est mauvais ;
Seigle, blé, si tout il repousse,
Sème la graine de niais :
Sans labourage et sans engrais
Dans tous les terrains elle pousse.

Pour bien s'assurer ici-bas
Le ciel, objet de sa marotte,
Toute femme, avant son trépas,
Doit passer par ces trois états :
Dévote, bigote, idiote.

« Il n'est pas de petit chez soi, »
Mot profond, charmante parole !
Dans son manoir tout homme est roi,
Roi sans parlement, sans contrôle.

Bannissons de l'intimité
L'affectation et la pose ;
Une aimable simplicité
Donne du charme à toute chose.

On peut aux autres se prêter,
On ne se donne qu'à soi-même.

Chacun veut avoir un ami,
Et personne ne songe à l'être.

Voulez-vous savoir tous les jours
Le degré de la paix publique?
Des fonds d'État suivez le cours,
Ils sont très-forts en politique.

Trancher du *Savantissimum,*
Annoncer aux gens, sur leur mine,
Salus, honor et argentum,
Atque bonum appetitum,
Voilà toute la médecine.

Vous qui chez nous trouvez accès
Dès que nous tremblons pour nos côtes,
Docteurs, vous bravez les procès :
Le soleil luit sur vos succès,
La terre ensevelit vos fautes.

Nous avons tous de la raison ;
Ce qui nous manque, c'est la force.

Le pardon, l'oubli des injures :
Ces mots sonnent fort noblement ;
Mais céder à ce sentiment,
C'est ne pas sentir ses blessures.

Doux est le trépas qui nous prend
Subitement, sans agonie ;
C'est le dernier et le plus grand
De tous les bonheurs de la vie.

Qui, pour un peu de superflu,
Ne se prive du nécessaire !

Savoir convaincre sa raison
Que chez soi le travers abonde,
C'est faire ample provision
D'indulgence pour tout le monde.

Honnêtes gens auxquels il faut
Et gain rapide et forte prime,
Achetez l'homme ce qu'il vaut
Et vendez-le ce qu'il s'estime !

L'ignorance est un vrai fléau,
Une mauvaise conseillère ;
Opposons-lui l'esprit nouveau,
Instruisons, et sous le boisseau
Ne tenons jamais la lumière.

Si chacun donne des conseils,
C'est que personne n'en achète.

Parler modestement de soi
Est assurément fort louable ;
N'en pas parler est, selon moi,
De tout point bien plus convenable.

Gardons un mal qui nous enivre :
Aimer sans espoir c'est mourir,
Mais, dussions-nous toujours souffrir,
Vivre sans aimer n'est pas vivre.

Si la fortune est aux plus fins,
L'estime appartient aux plus dignes.

Nous avons tous, au demeurant,
Par certains points l'âme assez bonne,
Car l'homme, quel que soit son rang,
Se lasse des plaisirs qu'il prend,
Et jamais des plaisirs qu'il donne.

Il n'est pas d'esprit si vanté
Qui dans un coin n'ait quelque tare.
Des sens dont la divinité
A doté notre humanité,
Le sens commun est le plus rare.

Sottise, et toi, fatuité,
Dignes sœurs, couple inséparable,
Personne au moins n'a contesté
Votre accord touchant, admirable.

Malgré le temps et les hivers,
Ce qu'on croit éteint brille encore,
Et, dans cet immense univers
Sous les aspects les plus divers,
Tout crépuscule est une aurore.

Qui donne fait bonne action ;
Qui prête fait mauvaise affaire.

« Qu'a donc ce pauvre homme éperdu
Qui se tourmente et me fend l'âme ?
— Rassurez-vous : il a perdu
Depuis trois jours sa chère femme. »

« Mon bijou, dis-moi donc comment
Madame ta maman s'appelle ?
— *Madame ?* fit soudain l'enfant,
Monsieur, vous vous trompez vraiment :
Maman est une demoiselle ! »

Foin de ce Caton morfondu
Dont le cœur est froid comme marbre !
Quant à moi, je n'ai jamais pu
Résister au fruit défendu
Lorsque je passais sous son arbre.

« Hommes, champignons, et melons,
Disait dame Sainte-Nitouche,
Ont toujours l'aspect un peu louche ;
Et pour être sûr qu'ils sont bons,
Il faut les choisir sur la couche. »

L'argent est un puissant moteur,
Le bien, le mal, il fait tout naître ;
Mais, si c'est un bon serviteur,
Bien souvent c'est un mauvais maître.

« Jeu de l'amour, jeu du hasard. »
Cette assertion vous étonne?
Tant mieux ; alors, c'est pour plus tard
Un avis qu'ici je vous donne.

L'amour mange son capital
Et l'amitié vit de ses rentes.

Vous qui si loin de vos vingt ans
Rêvez toujours amour, folie,
Avez-vous déjà vu le temps
Oublier celui qui l'oublie ?

Le premier pas... le premier pas.
C'est peu sans la persévérance.
Recule qui n'avance pas
Et n'a point fini qui commence.

Nos sens nous trompent; notre amour
N'a que nous pour objet suprême,
Et ce bas monde est un séjour
Plein de miroirs où chaque jour
L'homme ne voit rien que lui-même.

Tels saints docteurs que tu contemples,
D'austères vertus tout confits,
S'ils donnent de si bons avis
C'est qu'il ne leur est plus permis
De donner de mauvais exemples.

Pour l'ami de la vérité
Las d'un perpétuel *peut-être*,
La plus grande difficulté,
A mon sens, c'est de se connaître.

Ne pas vouloir est notre tort.
C'est pour excuser sa paresse
Que l'homme né vaillant et fort
S'en prend sans cesse à sa faiblesse.

Sous les étreintes du malheur
Les plus beaux élans sont stériles.
Le Destin guide notre cœur :
L'a-t-il rempli par le bonheur,
Les vertus deviennent faciles.

Vu de près, le moindre tourment
Nous rappelle aussitôt les nôtres,
Et tout généreux sentiment,
Pris en lui-même, est simplement
Le contre-coup du mal des autres.

Du sort prêt à subir la loi,
Je suis son serviteur fidèle;
Mais je ne vois pas trop pourquoi
La mort s'occuperait de moi
Quand je m'occupe si peu d'elle.

Si quelqu'un de vous veut savoir
Le fond de ma philosophie,
Le voici : c'est que le devoir
Est le vrai chemin de la vie.

TABLE DES MATIÈRES

Précaution oratoire...	v
Avis au lecteur...	1
I. Proverbes...	5
II. Boutades humoristiques...	31
III. Menus propos sur le mariage...	93
IV. Maximes...	115
V. Échos...	147
VI. Impressions de voyages...	165
VII. L'amour...	189
VIII. Joyeusetez...	205
IX. Épilogue...	237
X. Varia...	245

DU MÊME AUTEUR

Souvenir d'Italie, 1 vol. in-8.

EN PRÉPARATION :

Souvenir de voyages, 1 vol. in-8.

PARIS. — IMPRIMERIE

www.ingramcontent.com/pod-product-compliance
Lightning Source LLC
Chambersburg PA
CBHW050644170426
43200CB00008B/1148